Lettre du Sr Compère,
Capitaine de vaisseau marchand,

A MONSIEUR

DE *** Morangiès,

FFICIER GÉNÉRAL.

Sur son naufrage et sa captivité en Afrique.

J'y ai joint un trait de l'héroïsme bar-
baresque dans les négresses.

A PARIS,

L'ESPRIT, Libraire de Monseigneur le
Duc de Chartres, au Palais Royal. 1774.

(1)

Homo homini Lupus.

L'homa à l'homa est pire qu'un lou.

Muses françaises, folio 262, Paris 1607,

les nègres d'Afrique dont nous
faisons nègres à la bande de
l'humanité; et les sauvages
de l'amérique, peut ~~être dire~~
cela des chrétiens, comme les
chrétiens pensent ainsi. Les
disait, ~~nègres~~ ~~et~~ moins d'arraison,
des nègres et des ~~Sardiniens~~ : car
~~pourquoi~~ ~~ne~~ ~~les~~ ~~troubler~~ ~~ce~~ ~~les~~ ~~premières~~
~~troubler~~ ~~ici les premières~~ —
relations de l'amérique et de
Madagascar disait que nous
~~y~~ allaient au trac (la
~~chasse~~) des sauvages, comme à la
chasse des loups-cerviers, et que
la peau, ou le cuir, d'un sauvage
était bien paité aux traqueurs.
Le bon roi S. Louis envoïait aussi
~~ses~~ croisés au trac des
Sarrasins, et l'on chantait un
Te Deum dans son ost lorsqu'on
tuait gaiment et par paquets,
deux ou trois douzaines de la

quint ou cherche à ...

... des apostilles ... Voici Villard ...

... relations des ...

... Sur les banquiers, voici la théorie ... p. 227.

A MONSIEUR

DE ***,

OFFICIER GÉNÉRAL.

MONSIEUR,

Vous m'ordonnez de vous faire la description
mon désastre, persuadé qu'un tableau si touchant
ressera en ma faveur tous les amis de l'hu-
ité, & sur-tout un Ministre qui sait apprécier
services, comme il aime à les récompenser.

Je voudrois passer sous silence tout ce qui a pré-
mon naufrage ; mais il me semble que quel-
détails de ma vie sont ici nécessaires : les mal-
eux ont toujours besoin d'apologie.

Je suis le quatrieme de vingt enfans laissés par
pere Médecin, plus jaloux des progrès de son
que de la fortune qui peut en être la récom-

penfe : il ne nous laiffa pour héritage que l'exem
de fes vertus. La profeffion des armes & le co
merce étant notre unique reffource, nos pench
fe tournerent vers la Marine : trois de mes fre
périrent ✝ dans la guerre de quarante-cinq, ave
réputation d'avoir toujours bien fait leur dev
Leur deftinée ne me détourna point de la carriè
où je continuai de courir avec deux autres freres.

Dans la guerre dernière je fervis avec le titre
Lieutenant, fur le navire de M. Ademireau, d
Rochelle, qui fut attaqué par une frégate & d
corfaires Anglois : l'inégalité de nos forces ne r
empêcha pas d'engager une action meurtriere.
après une réfiftance opiniâtre, nous fuccombâ
fans honte, & je me vis condamné à languir p
dant quatre ans & demi dans une pénible
tivité.

Le premier ufage que je fis de ma liberté fu
rentrer au fervice en qualité d'Aide-Pilote, &
fecond Pilote. M. de la Touche de Tréville me
fia le commandement de la Canonnière *l'Angu*
& j'efpère que cet Officier, témoin de mes
vices, a daigné en rendre un favorable témoig
on m'employa Aide-Pilote fur *le Guerrier*, que
le Comte Deplas conduifoit à Toulon, où j'o
un congé de fecond Pilote. Le retour de la pa
rendit pas ma vie moins active : depuis cette
que j'ai fait cinq voyages en Amérique & cir
Afrique ✝ ; c'eft le dernier de ces voyages qui a
glouti tout le fruit de mes travaux. Je vais,

✝ pour l'achat de la traite des negres.

r , vous donner le détail de mon naufrage , qui
éreſſe votre curioſité compatiſſante.

M. Mathurin Vincent , de Bourdeaux, me confia
conduite de ſon navire *le Courageux* , deſtiné à
traite des Noirs. Je ſortis de la riviere de Bour-
aux le 3 Février 1773 , avec vingt-quatre hommes
quipage & mon frère qui me ſervoit de ſecond,
tout vingt-ſix hommes ; j'étois intéreſſé dans l'ar-
ment de plus de ſoixante-dix mille livres qui
orboient mon patrimoine & le produit d'un tra-
l de plus de vingt-ans. Je ne puis me juſtifier
la témérité d'avoir fait dépendre ma fortune d'un
l évènement ; mais une continuité de ſuccès inſ-
e une confiance préſomptueuſe , & la cupidité
sfaite cherche de nouveaux alimens.

es premiers jours de notre navigation furent
reux ; nous éprouvâmes enſuite l'inconſtance du
s & nous fûmes aſſaillis par un coup de vent,
dura quinze jours : un brouillard épais , ſuivi
calme, me fit dériver ; le navire maltraité ne
gouverner ; les courans me jetterent ſur une des
de Biſago , qui eſt la plus au Sud & la plus à
eſt. Les batures de Biſago ſont de cinq à ſix
es plus au large que la carte ne l'indique.

e brouillard diſſipé ne me laiſſa appercevoir
n danger inévitable ; j'épuiſai toutes les reſ-
ces de l'art pour ſauver mon Navire , je fus ré-
à mettre chaloupe & canot à la mer. Le péril
ſi preſſant que nous ne pûmes prendre ni ar-
ni vivres. Je gagnai la terre , où je me prépa-

aux commerce…, le deshonneur du christianisme, et qui prouve
s contre son Système…. Helvétius.

rai à mettre mes deux petits bâtimens en éta
remonter à Gorée ou au Cap de Monte. Pen
que nous croyions être les feuls habitans de
affreufe terre, nous nous vîmes affaillis par
ron deux cens cinquante Noirs, armés de fufil
piques, de flèches & d'une forte d'efponton
miné par un large fer : nous étions défarmés,
fés de fatigues, très-inférieurs en nombre, les
bares nous entourent, nous faififfent, nous dép
lent & nous amarent. Les Nègres les plus fé
de cette côte fauvage, n'ont aucunes relations
leurs voifins, ce font des fugitifs du Conti
qui, cherchant l'impunité de leurs crimes, fe
établis dans ces Ifles défertes, où vivant dans
dépendance & la miféré, ils n'ont de reffourc
dans leur brigandage : un inftinct brutal leur
lieu de raifon & de loix. *euf! Ils ont bien tort de pas fe laiffer acheter pour nos colonies.*

Nous fûmes conduits tout nuds dans leur Vill
où nous les vîmes rendre des actions de grâce
Soleil, d'avoir trouvé une fi riche proie ; ils
rent un facrifice de bœuf & de chien à cet
qui eft la feule Divinité qu'ils adorent. Tout
préfageoit que nous allions être immolés à
tour ; mais leur avarice nous fauva la vie, c
moins un bienfait qu'un arrêt de fouffrances :
damnés aux travaux les plus pénibles, nous f
encore les jouèts de leurs caprices féroces ;
firent un plaifir barbare de nous faire fouffrir ;
mentés par la foif, dans ces climats brûlans
ne nous offrit que du fang de bœuf pour l'étanc

falloit boire cette rebutante liqueur dans des
ines d'Européens, que la tempête avoit fait échouer
mme nous fur leur côte, & qui avoient été maf-
rés par eux ; les entrailles de bœuf crues & fans
aifonnement étoient notre unique aliment ; après
oir travaillé pendant tout le jour dans les bois,
nous laiſſoit pendant la nuit dans la plaine, où
us étions gardés par des ſentinelles impitoyables
i nous défendoient de nous lever, & qui puniſ-
ent le moindre de nos mouvemens par des coups
oublés.

De vingt-ſix que nous étions, trois ſuccomberent
ant d'indignités : condamnés à leur ſurvivre,
us nous trouvions plus à plaindre qu'eux, nous
blions n'être plus que des cadavres ambulans &
us ne nous appercevions plus de notre exiſtence
par le ſentiment de la douleur : ces barbares,
s être attendris, crurent devoir prévenir notre
ier dépériſſement ; notre mort les eût privés de
antage de nous vendre ; ils n'auroient hérité que
nos crânes ĥ pour annoblir & pour augmenter
s trophées. Auſſi avares que cruels, leur cupidité
s conſerva la vie : pour rétablir nos forces épui-
, ils nous donnerent des bananes & un peu de
s ou bled-d'Eſpagne, que nous faiſions rôtir ;
hangea notre boiſſon & il nous fut permis d'uſer
u ; mais on ne nous diſpenſa point de la boire
des crânes humains.

s ſemblèrent n'avoir adouci notre régime ſ que
nous rendre plus capables de travaux ; ils nous

accablerent de fardeaux fupérieurs à nos forces
quand nous fuccombions fous le poids, nous éti
relevés par de grands coups de nerfs de bœu
notre vie n'étoit plus qu'un fupplice, lorfqu
beau-frere du Roi de Bifago, qui trafiquoit
le compte d'une Société Portugaife, fut jetté
un coup de vent aux bords de cette Ifle ; les N
lui firent connoître qu'ils avoient des Efclave
vendre. Le Patron de cette Barque étoit Nègre, a
avoir pris fes fûretés, il defcendit à terre, nou
fûmes préfentés & l'on nous mit à prix.

Un père Capucin, Miffionnaire Portugais,
Couvent du Buiffon, offrit de nous racheter &
donner la totalité des marchandifes qu'il avoi
fon embarquation ; fon offre parut infuffifant
après avoir long-tems difputé fur les conventi
il fut arrêté de relâcher feize Efclaves, avec
meffe de rendre les fept autres quand on rapp
roit d'autres marchandifes. Dès que les condi
du traité furent acceptées, on nous fit affembl
rond, les jambes croifées comme des Tailleurs. V
la cérémonie qui fut obfervée pour cette délivr
Les Noirs couperent la tête à vingt-trois poules
furent jettées au hafard dans le rond que nou
mions ; ces poules fans têtes fe relevoient &
choient un moment, celle qui tomboit morte
à-vis de l'un de nous, dénotoit celui qui d
refter en efclavage.

Je fus du nombre des feize qui furent délivré
nous conduifit au rivage comme des animaux fér

es Barbares, pour prolonger leur empire, nous
mmoient de coups dans la marche. Les fept in-
unés qui gémiffent dans cette horrible captivité,
étuent la mienne; mon imagination me tranf-
e au milieu d'eux ; mon frère & mon tendre
eft du nombre de ces malheureux ; mon neveu
partage fa deftinée, en redouble l'amertume
le fpectacle de fes fouffrances : les cinq autres
des François qui ont été mes compagnons &
amis, tous ont leur famille qui s'attendrit fur
infortune qu'elle ne peut adoucir ; le malheur
ept, devient celui de plus de cent perfonnes
reffentent de loin leurs maux. Rien n'eft plus
e à infpirer du découragement que de leur
er une main fecourable, & cette main doit
puiffante pour pouvoir brifer des fers à une
grande diftance.

us arrivâmes le 4 Avril au Buiffon, une des
de Bifago, la plus voifine de la grande terre;
Ifle appartient aux Portugais : j'obtins du Gou-
ur la permiffion de faire paffer mon équipage
alium, dans l'efpoir d'y trouver un Navire
paffer en Europe. Ces quinze hommes s'em-
erent le 15 Avril à bord d'une petite barque
uifoit voile pour la riviere de Séralium, où ils
rent heureufement ; un navire Anglois a dû
nduire à Saint-Domingue, & depuis notre fé-
on j'ignore leur deftinée.

r moi je m'embarquai dans une barque Por-
e pour aller joindre mon équipage ; mais je

me trouvois si débile & si exténué, que le Pat
croyant ma mort assurée, en ne m'exprimant que
signes, m'abandonna à terre aux Isles de l'Oste
Isles perdues; mes supplications ne purent toucher
cœur impitoyable.

Un heureux hasard fit aborder un canot Angl
qui venoit pour traiter du riz dans cette Isle; le
pitaine étonné de trouver un Européen sur c
côte s'attendrit sur ma destinée, il daigna me
cevoir sur son bord, où je restai jusqu'au 3 M
jour où je vis aborder un petit bâtiment Franç
venant du Pont-en-Digue; il avoit dérivé,
ne sachant alors où il étoit, il se félicita de t
ver en moi le seul homme qui pût lui fournir
instructions.

Ce petit bâtiment étoit aux ordres de M. l'A
Demanet, que des personnes de la première dist
tion avoient chargé de cette opération. Le Patron
étoit un Provençal, n'étoit pas assez instruit pou
gagner Gorée, & ce fut moi qui le tirai d'emba
nous y arrivâmes sans avoir essuyé aucune perte
Boniface, Commandant de Gorée me fit embar
sur la Corvette du Roi *l'Afrique,* en qualité de
cond Capitaine.

Après tant de traverses, je ne demande que
moyens d'aller délivrer mon frère & mes co
gnons. Je cherche des Protecteurs qui veuillent
me seconder dans cette entreprise, pour arr
ces sept innocentes victimes à une mort qu
présente sans cesse à leurs yeux.

e ne demande qu'un petit bâtiment , à la ſuite
vaiſſeaux du Roi qui ſe rendent à Gorée ; & pour
ıver des Protecteurs je me ſuis déterminé à faire
rimer des malheurs qui intéreſſeront tout le
lic.

OUS Capitaine de Vaiſſeaux du Roi , Comman-
l'avant-garde de l'Eſcadre de M. le Comte d'Au-
y , armée , à Rochefort , certifions que le ſieur
pere , Doleron , à qui nous avons confié le comman-
ent de la Canonniere l'Anguille , s'eſt comporté en
e & en Marin intelligent , dans les différentes deſti-
ns que nous lui avons donné , en préſence de l'enne-
En foi de quoi nous lui avons délivré le préſent
ficat pour lui ſervir & valoir ce que de raiſon. A
efort ce 20 Décembre 1761.
igné, *LA TOUCHE-DE-TRÉVILLE.*

Lu & approuvé ce 28 Décembre 1773. *MARIN.*

l'Approbation , permis d'imprimer , ce 4 Janvier 1774.
DE SARTINE.

'Imprimerie de J. G. CLOUSIER , rue
Saint-Jacques , vis-à-vis les Mathurins.

...ait d'un autre horreur, pour servir à l'histoire philosophique du Genre humain.

Extrait du Journal historique et politique 1773. N° 33, du 30. 9bre. p. 37. art. Malthe, du 4 octobre.

Quelques corsaires maltois qui croisaient sous pavillon napolitain, viennent de faire deux prises; la première chargé de froment, d'orge, de fèves, &c. était montée par six barbaresques et trois marchands hébreux. La seconde portait 45. hommes et femmes, beaucoup de marchandises et d'un très-beau chevaux. Huit barbaresques ont été tués dans le combat et il n'y a eu que quelques maltois blessés. Aussitôt que les femmes s'apperçurent leur bâtiment ne pouvait éviter d'être pris, elles jetèrent leurs enfans à la mer, pour les soustraire à l'esclavage.

d'entendre ici même..... Si les partis relèvent la tête, à qui la faute? à ceux qui, ayant la force en main, n'ont pas le courage d'en profiter. Pourquoi cet homme, qui sort d'ici, n'est-il pas en prison?... pourquoi n'avez-vous pas fait arrêter tous ceux qui, rouges ou blancs, bleus ou tricolores, professent des principes dangereux? pourquoi tous ces journaux de différentes couleurs, tous ces écrits contradictoires? pourquoi la France, oui, la France a-t-elle encore cinq préfets républicains !

MORISSET, Parce qu'elle est en république.

RABOULOL, *s'écriant.* Ce n'est pas une raison.

MORISSET. Mais, à votre tour, vous voulez donc tout révolutionner?

RABOULOT. Révolutionner, oui; moi, moi, modéré, je veux révolutionner les révolutionnaires.

Air : Contentons-nous d'une simple bouteille.

Je veux partout que nos agents sévissent,
Je veux partout prévenir les complots,
Et si trop tôt les cachots se remplissent,
Doubler, tripler le nombre des cachots.
Faire arrêter roi, tribun, peuple et prince,
Épouvanter toute la nation !
Voilà, Monsieur, comme dans ma province
Nous entendons la modération !

MORISSET. Eh bien, Monsieur, nous ne l'entendons pas tout à fait de même.

Même air.

Pour conjurer les mauvaises pensées,
Savoir bien mieux pardonner que punir;
Prêcher l'oubli de nos fautes passées,
Parler souvent du bonheur à venir ;
Dire aux partis : Ne faites plus la guerre,
Vous avez tous du mauvais et du bon !
Voilà, Monsieur, dussé-je vous déplaire,
Comme j'entends la modération !

RABOULOT. Monsieur Morisset, nous ne pourrons jamais nous entendre. J'ai bien l'honneur de vous saluer, Messieurs.

(Il sort brusquement par le fond.)

SCÈNE XIII.

LES MÊMES, *moins* RABOULOT.

MORISSET. Allons, bien ! me voilà brouillé avec mon principal électeur ! joli commencement de vacances.

DE BLOSSAC, *se levant, et allant au marquis, qui se lève.* A votre tour, Monsieur, parlez. Vous avez sans doute aussi quelques reproches à m'adresser ?

LE MARQUIS. Moi, monsieur le comte, vous adresser des reproches, à vous, bien au contraire ! je vous apporte les félicitations de tous nos amis. Mais, avec leurs félicitations, que je suis heureux de proclamer à haute voix, je suis chargé

près de vous d'une mission secrète, et je vous prie de vouloir bien m'accorder cinq minutes d'un entretien particulier.

DE BLOSSAC. Mille pardons, Monsieur; mais j'ai là ma famille qui m'attend; mes amis qui arrivent ainsi que moi, et la fatigue...

LE MARQUIS. Cinq minutes, monsieur le comte, seulement cinq minutes.

MORISSET, *qui est au fond.* Pas de gêne entre nous...

DUMOULIN. Nous rejoignons ces dames.

LE MARQUIS. Et monsieur le comte va vous rejoindre à l'instant. *(Reconduisant Dumoulin et Morisset.)* Mille pardons, Messieurs...

(Ils entrent à droite.)

SCÈNE XIV.

DE BLOSSAC, LE MARQUIS.

DE BLOSSAC, *à part.* Que peut me vouloir cet homme?

LE MARQUIS. Je vais droit au fait, monsieur le comte. L'énergie que vous avez montrée à la tribune, le courage, le talent dont vous avez fait preuve nous sont de sûrs garants de votre fidélité. Grâce au ciel, et aussi, grâce à vous, nous en avons fini pour longtemps, je l'espère, avec les idées anarchiques... l'hydre des révolutions est muselée, mais elle n'est point anéantie. Le triomphe de la bonne cause est certain, mais il est peut-être encore éloigné ; et, quand on a pour soi le courage et le bon droit, il ne faut pas craindre de marcher en avant.

DE BLOSSAC. Je ne vous comprends pas, Monsieur.

LE MARQUIS. La France est monarchique, et la France attend. Une première fois, la noblesse a cherché dans l'exil un abri contre la foudre, et l'on a dit qu'elle avait eu peur. Il ne faut pas qu'on répète cette infamie. Quand le signal de la bataille est donné, attendre, c'est reculer. La province est prête, le moment est venu, nous n'attendons plus que ces mots de votre bouche : en avant ! *(Confidentiellement.)* Et vive le roi!

DE BLOSSAC. Une conspiration !..

LE MARQUIS. Il est trop tard pour hésiter... ce portrait que je suis chargé de vous remettre. *(Il tire de sa poche et montre au comte un médaillon assez petit pour être caché dans sa main.)* Ce portrait de notre bien-aimé roi, nous le porterons tous à découvert sur notre poitrine... et quand vous nous aurez donné le signal...

DE BLOSSAC. Arrêtez, Monsieur! si je n'écoutais que mon indignation, ce portrait serait à l'instant livré à la justice. Insensé ! aveugle que vous êtes ! Eh quoi ! trois révolutions et soixante ans de malheurs ne vous ont pas éclairé. Oh! mon Dieu !

que la France entière n'est-elle ici présente , pour voir les honnêtes gens de tous les partis débordés par des méchants, par des sots ou par des fous.

LE MARQUIS. Monsieur le comte !

Air : *Les braves hussards du 2º.*

Si notre France est vraiment monarchique,
Si notre roi peut revenir bientôt,
    Bénissez-donc la République
Qui nous permet de le dire tout haut.
    De tous les partis en démence
    La France aime les nobles cœurs ;

Mais, de tous les partis, la France
    Méprise les conspirateurs.

LE MARQUIS. Il suffit, monsieur le comte, nous vous connaissons enfin ! vous n'êtes plus des nôtres. Adieu !

(*Il sort au fond.*)

LE COMTE, *après un silence.* Et maintenant, allons faire maigre.

(*Il sort à droite.*)

FIN DU PREMIER ACTE.

ACTE DEUXIÈME.

Un cabinet de travail; un ratelier de pipes, un trophée d'armes ; porte au fond; à gauche, au premier plan, une fenêtre avec un grand rideau; à droite, l'entrée d'une chambre à coucher. Une table servant de bureau au milieu du théâtre.

SCENE PREMIERE.

MARIANNE, *puis* DUMOULIN.

MARIANNE, *seule, refermant la porte de la chambre à coucher de Dumoulin, après y avoir regardé.* Tiens, M. Dumoulin, not' maître, est déjà levé ! Allons, allons, il faut avouer qu'il est matinal ! Lui qui est arrivé hier soir à minuit, et auquel je n'ai eu que le temps de dire bonjour et bonsoir... Après ça, il était sans doute pressé de revoir son parc, son jardin... Il va trouver du changement ! mais puisque c'est son idée, à c't' homme !

DUMOULIN, *entrant par le fond.* Non, il faut absolument que mon jardinier soit devenu fou, ou qu'en dépit du congrès de la paix, les Cosaques aient fait une troisième invasion dans notre département !

MARIANNE [*]. Ah! c'est vous, not' maître?

DUMOULIN. Ne m'appelle donc pas ton maître; il n'y a plus de maîtres.

MARIANNE. Je ne suis donc plus vot' servante...

DUMOULIN. Si fait !

MARIANNE. Eh bien! comment donc que ça se fait que vous n'êtes pas mon maître, si je suis votre servante ?

DUMOULIN. Oh ! que de raisons!.. Appelle-moi tout bonnement Monsieur.

MARIANNE. Oui, monsieur not' maître.

DUMOULIN, *se rapprochant de la fenêtre* [**]. Allons, elle y tient... Mais il s'agit de quelque chose de plus grave... Voyons, Marianne, m'expliquerez-vous comment il se fait qu'à la place de mes superbes dahlias j'aie trouvé des pommes de terre; de la luzerne où fleurissait ma délicieuse collec-

[*] M. D.
[**] D. M.

tion de roses, et de l'orge dans le parterre consa-cré à mes jasmins d'Italie?

MARIANNE. Vous ne devinez pas?

DUMOULIN. Ma foi, non ! Je sais qu'en répu-blique les hommes changent souvent de place... mais les fleurs, les légumes, ce n'est pas admis-sible !.. Que diable a donc fait votre mari depuis trois mois?

MARIANNE. Il n'a rien fait, not' maître.

DUMOULIN. Ah !

MARIANNE. Mais il a laissé faire.

DUMOULIN. Laissé faire qui?

MARIANNE. Pardine ! vos amis, vos frères, com-me ils s'appellent et comme vous les appelez dans vos discours à l'Assemblée.

DUMOULIN. Comment! on s'est permis... et vous avez souffert!..

MARIANNE. Vrai, not' maître, il n'y a pas de not' faute. Nous avons longtemps résisté, mais, chaque matin, ils venaient nous lire un tas de journaux où vous disiez en imprimé : « Quand donc les riches cesseront-ils d'être égoïstes! » ou bien encore, et c'était le lendemain : « Ouvriers, il faut semer pour recueillir. » Ah! not' maître, du moment qu'ils ont eu lu cette phrase-là, tous ceux qui n'avaient pas des champs sont venus semer chez vous... et j' te sème, et j' te sème, et j' te sème! Tant il y a que les plus diligents s'é-tant distribué le potager, les derniers venus se sont décidés à... démocratiser vot' parterre.

DUMOULIN. Saccager des fleurs que j'aimais tant!.. Venez donc en vacances pour respirer les parfums de la pomme de terre en fleurs!.. C'est comme mon saule pleureur, près du bassin... qu'en a-t-on fait?

MARIANNE. On l'a arraché, not' maître.

DUMOULIN. Arraché !

MARIANNE. Pour le planter à la place du grand

peuplier qu'est mort c't hiver sur la place de l'église.

DUMOULIN. Mais j'avais d'autres peupliers.

MARIANNE. On en a fait des planches.

DUMOULIN. Des planches?

MARIANNE. Alors, on a pris votre saule, et on en a fait le saule pleureur de la Liberté.

DUMOULIN. Mais, sotte que vous êtes, il fallait requérir mon adjoint!

MARIANNE. Vot' adjoint... mais je l'ai réquéri, not' maître... oui, je l'ai réquéri le jour où ils ont coupé vot' petit bois.

DUMOULIN. On a coupé mon petit bois?

MARIANNE. Oui, monsieur notre maître, et comme nous voulions nous y opposer, vot' adjoint a dit que mon mari était un aristo... et moi...

DUMOULIN. Et toi?..

MARIANNE. Et moi... une aristote.

DUMOULIN. Là! plus d'ombre... plus de verdure!

MARIANNE. Et, loin de vous défendre, c'était lui qui ne cessait d'exciter les travailleurs en leur criant : Bravo! mes amis, remplissez vos greniers pour l'hiver, c'est remplir les intentions de Dumoulin le patriote... de Dumoulin l'ami du peuple!

DUMOULIN. Animal d'adjoint!

MARIANNE. Aussi, c'est vot' faute, et si vous n'aviez pas prononcé à l'Assemblée toutes ces grandes phrases-là !..

DUMOULIN. Ce sont des vérités, Marianne, et malgré ce qui m'arrive aujourd'hui...

Air des Teniers.

La République est toujours mon précepte,
J'aime de cœur tous les républicains ..

MARIANNE.

Quoi! tous, Monsieur?

DUMOULIN.

Un instant! j'en excepte
Ceux qui dévastent les jardins.
Pour arriver au règne populaire,
Mais, pas à pas, et petit à petit,
Je leur disais tout ce qu'il faudrait faire.

MARIANNE.

Ils ont fait tout ce que vous avez dit.
Dame! ils ont fait... etc...

DUMOULIN. Le diable les emporte !..

MARIANNE. Ah! Monsieur, et moi qui allais oublier...

DUMOULIN. Qu'est-ce donc?

MARIANNE. Vos journaux, et une lettre très pressée, apportée par un gendarme départemental, qui m'a dit de vous remettre, avec la lettre, cet œillet.

DUMOULIN, *voyant et prenant sur son bureau, lettre et œillet. — Il s'assied.* Un œillet rouge que m'apporte un gendarme !.. ce n'est pourtant pas ma fête. . le message m'expliquera... laisse-moi !.. (*Elle sort.—Ouvrant la lettre.*) De la préfecture... à peine suis-je arrivé, et déjà des affaires... voyons.

« Monsieur le maire. L'autorité est prévenue « qu'une manifestation socialiste doit avoir lieu « aujourd'hui dans votre commune. » Allons, bon ! « Le signe de ralliement qu'ont choisi les « ennemis de l'ordre est un œillet rouge sembla- « ble à celui que je vous fais tenir. » (*Après avoir considéré l'œillet, le jetant négligemment sur la table.*. Je ne lui vois rien de particulier... c'est un simple œillet double... j'en ai même... c'est-à-dire... j'en avais de plus beaux avant... (*Continuant.*) « Faites arrêter immédiatement ceux qui « se montreraient dans la rue avec ce signe à leur « boutonnière. » — « L'administration compte sur « votre concours, et je vous envoie douze gen- « darmes, etc., etc. Le préfet. » Comme c'est gai ! quand l'émeute a quitté Paris, la retrouver dans sa commune !.. Et, si je fais mon devoir, ils diront encore que je trahis ma cause... Oh! n'importe... je ne dois point hésiter et... (*Grand bruit au dehors.*) Ce bruit... serait-ce déjà l'émeute?

MARIANNE, *rentrant.* Monsieur, ce sont vos frères...

DUMOULIN. Mes frères!

MARIANNE. Ils sont quatre cents!

DUMOULIN. Juste ciel!

(Cris au dehors.)

Vive Dumoulin !

MARIANNE. Entendez-vous, not' maître!.. c'est pour vous féliciter...

DUMOULIN. Va leur dire que je suis malade... Attends, voilà dix louis; à quatre cents, ça fait chacun dix sous.

(Cris au dehors.)

Vive Dumoulin !

DUMOULIN. Dépêche-toi, ils m'assourdissent... (*Marianne sort.*) Ah! que la fraternité coûte cher en vacances !..

SCENE II.

DUMOULIN, DE BLOSSAC, CÉCILE.

DE BLOSSAC, *à Cécile, entrant par le fond*[*]. C'est ici... entre donc, mon enfant !..

DUMOULIN. Blossac !.. Blossac chez moi !.. Ah! c'est charmant !.. Il ne fallait rien de moins que ta présence pour me faire oublier mes ennuis...

DE BLOSSAC. Ah! toi aussi, tu as des ennuis !.. tant mieux! en mariant ensemble nos petites contrariétés, nous tâcherons d'en faire du plaisir!

DUMOULIN. Ce cher Blossac !.. J'étais loin de m'attendre si tôt à ta visite !..

DE BLOSSAC. Une visite ?.. mieux que ça... Je suis menacé de tant de plaisir dans ma commune que je viens te demander l'hospitalité... Oui, mon cher, j'émigre, et Cécile a voulu m'accompagner

---

[*] Céc. Bl. Dum.

pour voir ta nièce Pauline, sa bonne petite camarade de pension.

CÉCILE. Peut-être est-ce bien indiscret de ma part...

DUMOULIN. Vous ne pouvez le penser... Par malheur, ma nièce n'est pas ici maintenant...

CÉCILE. Ah! mon Dieu!..

DUMOULIN. Oh! rassurez-vous, elle va rentrer; est à la messe.

DE BLOSSAC. A la messe, la nièce d'un républicain ?..

DUMOULIN. Est-ce que, par hasard, tu crois que nous ne prions pas... D'abord, nous prions pour la République, et je t'assure qu'elle en a besoin !

DE BLOSSAC. Est-ce qu'elle serait menacée?

DUMOULIN. Oui, par des insensés qui veulent être plus républicains que la République !

DE BLOSSAC. Juste! comme dans ma commune où ils sont plus légitimistes que la légitimité! (*Bas à Dumoulin.*) Et puis, ma femme, qui veut faire son salut, ne veut plus qu'on fasse la cuisine !

DUMOULIN. Voyez-vous ça!..

DE BLOSSAC. Oui ..au dîner maigre du vendredi, en a succédé un encore plus maigre le samedi, et il paraît qu'en fait de religion, ma femme fait aussi le lundi ; quant au dimanche, je l'ai passé tout entier à l'église.

DUMOULIN. Pauvre ami ! mais il faut que je donne des ordres .. (*A Marianne qui rentre par le fond.*) Ah ! Marianne...

MARIANNE, Monsieur, vos frères n'ont pas été contents.

DUMOULIN. Comment! pas contens?

MARIANNE. Non, Monsieur ; ils ont dit que vous étiez un *réac.*

DUMOULIN. Laisse-les dire, et va vite préparer la chambre verte... la plus belle...

MARIANNE. La chambre verte... Ah! c'est vrai, j'avais oublié de vous dire... c'est impossible, monsieur not' maître, elle est occupée.

DUMOULIN. Occupée!.. et par qui donc, s'il vous plaît ?

MARIANNE. Par le citoyen Robinson, un commis voyageur socialiste.

DE BLOSSAC, *riant.* Ah! ah! ah!

MARIANNE. Il m'a montré que vous aviez dit dans un de vos derniers discours « Prolétaires, le cœur et la maison des patriotes vous seront toujours ouverts, frappez, et l'on vous ouvrira. »

DE BLOSSAC. Ah! ah! ah! c'est vrai, tu as dit cela ! frappez...

DUMOULIN. Est-ce que je pouvais penser...!

MARIANNE. Dame! mon mari ne voulait pas le laisser entrer; mais M. Robinson a frappé, et, ma foi , quand j'ai vu qu'il frappait, je lui ai ouvert.

DUMOULIN. C'est bien ! c'est bien... je vais aller le trouver, ce monsieur Robinson ! Toi, Marianne,

fais toujours mettre un lit pour Mademoiselle dans la chambre de ma nièce.

MARIANNE. Un lit! mais vous n'y pensez pas, not' maître, il y en a déjà quatre...

DUMOULIN. Quatre lits dans la chambre de ma nièce !

DE BLOSSAC. Ah! ah! ah!

MARIANNE. Oui, Monsieur, c'est le commencement de la cité ouvrière... c'est vous qui leur avez encore donné cette idée-là!.. et mademoiselle Pauline couche à présent dans ma chambre.

DUMOULIN. Ah ! c'est trop fort !

Air des *Trois loges.*

C'est aussi trop m'outrager !
Viens, et suis-moi chez mes frères,
Et ces nouveaux locataires
Vont bientôt déménager.
Quoi ! se partager ma maison !
Est-ce ainsi que l'on se comporte !

DE BLOSSAC.
Mais, des frères...

DUMOULIN.
Frères ou non,
Je vais les jeter à la porte !

ENSEMBLE.

DUMOULIN.
C'est aussi trop m'outrager ! etc.

MARIANNE, CÉCILE, DE BLOSSAC.
C'est aussi trop l'outrager !
Il doit détester ses frères,
Et ses nouveaux locataires
Vont bientôt déménager.

(*Sortie par le fond.*)

SCENE III.

CÉCILE, *puis* ARMAND.

CÉCILE. Ah! que j'ai bien fait d'accompagner mon père! d'abord, je vais revoir cette bonne petite Pauline...

ARMAND, *entrant du fond.* Les voilà sortis!..

CÉCILE, *continuant sans le voir.* Et puis, il n'est pas impossible que M. Armand vienne rendre une petite visite à son oncle... Ah! s'il savait que je suis ici...

ARMAND, *qui s'est avancé avec précaution.* Je viens de l'apprendre à l'instant même, Mademoiselle.

CÉCILE, *troublée.* Monsieur Armand *¹ !

ARMAND. Ah! mon Dieu! ce trouble... Est-ce que vous seriez fâchée, Mademoiselle, du hasard qui nous rassemble !

CÉCILE. Non, Monsieur, non, c'est très bien de venir voir son oncle...

* A. Cée.

ARMAND. Oh! mon oncle, j'ai tout le temps; mais est-il vrai que vous deviez passer quelques jours ici?

CÉCILE. Tel est le projet de mon père... et j'ai tant d'amitié pour Pauline, votre sœur...

ARMAND. Quel bonheur! moi, d'abord, tant que vous habiterez cette campagne, je ne quitte plus mon oncle, je pousserai la tendresse jusqu'à l'importunité.

CÉCILE. Eh! quoi, Monsieur, vous allez venir demeurer ici?

ARMAND. L'amitié me l'ordonne... quand je dis l'amitié, c'est que je sais que vous ne voulez pas entendre un autre mot qui rendrait bien mieux ma pensée.

CÉCILE, *se reculant et baissant les yeux.* De grâce, monsieur Armand...

ARMAND.

Air de *Couder.*

Ah! soyez moins sévère!
CÉCILE.
Non.
ARMAND.
Pourrai-je un jour vous plaire?
CÉCILE.
Non.
ARMAND.
Que dans vos yeux je lise...
CÉCILE.
Non.
Maman veut que je dise :
Non !

SCÈNE IV.

LES MÊMES, DUMOULIN, DE BLOSSAC.

DUMOULIN, *ils arrivent en causant.* Que vois-je! mon neveu...

DE BLOSSAC. Avec ma fille!

ARMAND. Ainsi, Mademoiselle, pour me désespérer, toujours « non », à toutes les questions que je pourrais vous adresser?

CÉCILE. Oui, Monsieur.

BLOSSAC ET DUMOULIN. Qu'entends-je!

ARMAND. A toutes mes questions?

CÉCILE. A toutes.

ARMAND. Vous le jurez?

CÉCILE. Je le jure !

ARMAND. Eh bien, nous allons voir !

Même air.

Mon amour vous irrite?...
CÉCILE.
Non.
ARMAND.
Faut-il que je vous quitte?

CÉCILE.
Non.
ARMAND.
N'allez rien me défendre...
CÉCILE.
Non.
ARMAND.
Même un baiser bien tendre?
CÉCILE.
Non.

DE BLOSSAC, *qui s'est approché doucement, se trouve entre eux, au moment où Armand va embrasser Cécile.* Hein !.. se peut-il ?

CÉCILE. Ciel ! mon père !

ARMAND [*]. Mon oncle!

DUMOULIN, *à Armand.* Chez moi, dans ma maison ! et la fille d'un ami !

DE BLOSSAC. J'ai tout entendu, Mademoiselle.

CÉCILE. Alors, mon père, vous devez avoir entendu que je disais : Non.

DE BLOSSAC. Dumoulin, ce que j'apprends dérange tous nos projets; j'ignorais que ton neveu connût ma fille... certes, nous n'avons plus aujourd'hui de préjugés de caste, mais des hommes politiques se doivent à leur parti... Il ne faut pas donner prise à la médisance.

DUMOULIN. Tu as raison! Crois bien que si j'avais su moi-même...

DE BLOSSAC. Je n'en doute pas... (*Lui tendant la main.*) Ta main... et adieu!

ARMAND. Mais, Monsieur...

DE BLOSSAC. Pas un mot de plus! Venez, Mademoiselle. (*Voyant sa fille pleurer.*) Ah !

ENSEMBLE.

DUMOULIN, DE BLOSSAC.

Air de *Couder.*

Pauvres enfants, leurs pleurs nous intéressent,
Mais à sévir nous sommes obligés ;
Bien que souvent les préjugés nous blessent,
Il ne faut pas blesser les préjugés.
CÉCILE, ARMAND.
Voyez nos pleurs, ah ! qu'ils vous intéressent !
A tant d'orgueil êtes-vous obligés ?
Puisque toujours les préjugés nous blessent,
Pourquoi ne pas blesser les préjugés ?

(*De Blossac sort avec Cécile par le fond.—Armand se laisse tomber sur un siége en sanglotant.*)

SCENE V.

DUMOULIN, ARMAND.

DUMOULIN. Voyons, Armand, aie du courage, sois homme !

ARMAND, *se levant.* Non, mon oncle, non, ma

[*] C. Bl. D. Ar.

résolution est prise, voyez-vous ! j'aime Cécile, je l'aime plus que ma vie !.. Elle sera ma femme, où j'en mourrai !.. (*Il sort par le fond.*)

DUMOULIN, *appelant au fond.* Armand ! mais écoute donc, Armand !

SCÈNE VI.

DUMOULIN, *seul.* Eh bien, elles deviennent de plus en plus agréables, nos vacances ! moi, avec un neveu qui pleure ! Blossac avec une fille qui sanglote !.. deux amis séparés par l'amour de deux amants désunis par la politique... ah ! que le diable emporte l'amour... et la politique !.. la politique surtout !.. oh ! c'est fini, je ne veux plus en entendre parler (*Il va s'asseoir à son bureau. Je ne le veux plus... Qui vient encore ?..*

(*Paraît un messager portant une boîte ou une sorte de gibecière, comme les facteurs ruraux.*)

LE MESSAGER *. C'est moi, Monsieur le maire, que je suis le piéton de la sous-préfecture ; (*Fouillant dans sa gibecière.*) et voilà une lettre avec un paquet cacheté que M. le sous-préfet m'a dit de vous remettre en personne.

DUMOULIN, *prenant la lettre et le paquet.* Encore de la politique !

LE MESSAGER. Oh ! non, monsieur, ce n'est pas de la politique, c'est un paquet, et j'en ai porté comme ça dans le canton à tous les maires.

DUMOULIN. C'est bien, laissez-moi. (*Le messager sort ; Dumoulin ouvre le paquet et y trouve un portrait en médaillon.*) Un médaillon !.. la figure d'un homme !.. j'ai vu quelque part ce portrait !.. ce n'est pas celui du sous-préfet... il ne m'enverrait pas... et puis, qu'est-ce que je ferais du portrait d'un sous-préfet ?.. (*Il a ouvert la lettre.*) Je vais savoir.. (*Lisant.*) «Monsieur le maire, tenez-vous sur vos gardes, veillez, surveillez !.. (*S'interrompant.*) Hein ? (*Lisant.*) « les légitimistes, qui sont en grand nombre dans notre département, complotent... (*S'interrompant et se levant.*) Allons, bon ! tout-à-l'heure c'étaient les rouges .. à présent, ce sont les blancs... j'en verrai de toutes les couleurs. (*Lisant.*) « Complotent... et on assure qu'ils veulent, demain ou après, renverser la République. (*S'interrompant.*) Demain ?.. (*Souriant.*) c'est trop tard ; après demain... ce serait trop tôt... (*Lisant.*) « Leur signe de reconnaissance, de ralliement est un médaillon semblable à celui-ci, et qu'ils doivent attacher à leur chapeau ou suspendre à leur boutonnière, je ne sais au juste... » (*S'interrompant et allant se rasseoir.*) Il ne sait si c'est demain ou après, si c'est à leur boutonnière ou à leur chapeau... il ne sait jamais rien, ce sous-préfet... il m'ennuie avec tous ses fantômes de complots. (*Désignant le médaillon.*) Et pour n'avoir

même plus cela sous les yeux, je vais le fourrer dans ce tiroir. (*Dans le même tiroir où il se dispose à placer le médaillon légitimiste, il trouve et prend un autre médaillon à peu près semblable au premier.*) Ah !.. encore un portrait... et encore un complot !.. mais un portrait de femme et un complot d'amour... contre un mari !.. ce pauvre Morisset... dire que j'avais eu l'idée... oh ! je me serais repenti toute ma vie... (*Indiquant le portrait de femme qu'il contemple.*) C'est égal !.. c'est un plaisir au moins de conspirer pour une si belle cause !.. et dire pourtant que cette charmante cause que j'avais embrassée... (*Se reprenant avec gaîté.*) Mais, non ! mais, non ! c'est qu'au contraire, je ne l'ai pas embrassée du tout !

MARIANNE, *en dehors.* Monsieur Dumoulin ! monsieur Dumoulin !

DUMOULIN. Toujours quelqu'un ! (*Il se hâte de remettre le portrait dans le même tiroir où il a placé ostensiblement déjà le médaillon légitimiste.*)

MARIANNE, *entrant tout effarée et criant.* Monsieur Dumoulin !

DUMOULIN. Eh bien, quoi, qu'y a-t-il ?

MARIANNE. Une belle dame, avec de beaux chevaux et une belle voiture, qui a descendu à l'auberge, et qui vient toute seule, à pied, jusque chez vous ! elle était sur mes talons ! et tenez, la v'là qui entre. (*Dumoulin se lève et remonte.*)

(*Une dame paraît ; son voile est rabattu sur son visage. Dumoulin, surpris, fait signe à Marianne de sortir ; Marianne sort ; la dame lève son voile ; Dumoulin reconnaît madame Morisset.*)

SCÈNE VII.

DUMOULIN, MADAME MORISSET *.

DUMOULIN, *à lui-même.* Elle !.. (*Haut.*) Madame Morisset !.. Vous, Madame, ici !.. Mais par quel hasard... je veux dire par quel bonheur...

MADAME MORISSET, *légèrement émue.* Je ne sais, Monsieur, si c'est un bonheur pour vous, mais ce peut en être un pour moi.

DUMOULIN, *à part.* Ah ! mon Dieu ! est-ce qu'elle songerait encore ? (*Haut, et lui montrant un siége à gauche.*) Donnez-vous donc la peine...

(*Madame Morisset s'assied et regarde de côté et d'autre.*)

DUMOULIN, *remarquant sa préoccupation.* Attendriez-vous quelqu'un ?

MADAME MORISSET, *à part.* Comment lui redemander ?

DUMOULIN, *achevant sa pensée.* Morisset, peut-être. Il doit venir ?

MADAME MORISSET. Mon mari !.. Par exemple ! il

ne manquerait plus que cela! mais je suis bien tranquille!

DUMOULIN, *surpris.* Ah!

MADAME MORISSET. Il est en ce moment à quelques lieues d'ici, chez un de nos parents, où je l'ai laissé ce matin, sous prétexte de me rendre à la maison et d'y préparer tout ce qu'il faut pour bien le recevoir, l'excellent homme!

DUMOULIN, *s'échauffant à froid.* Ah! ce sera une bien grande fête pour lui!.. revoir sa chère maison! être près de sa chère épouse!

MADAME MORISSET. Oui, de sa chère épouse, qu'il n'aurait jamais dû quitter... même pour être représentant!

DUMOULIN. Mais c'est un honneur, et vous eussiez préféré...

MADAME MORISSET. Le bonheur à cet honneur-là... oui, Monsieur.

DUMOULIN. Cependant, Madame, avant tout, lorsqu'on est républicain, on se doit à son pays.

MADAME MORISSET. Mon mari n'a jamais été républicain, Monsieur.

DUMOULIN. Pardon... ce n'est peut-être pas de votre mari que je voulais parler... mais de quelqu'un qui, dans un moment, dut faire à son pays le sacrifice d'une affection récente, il est vrai, mais profonde; de quelqu'un qui, le lendemain de l'élection et du départ d'un de ses plus grands ennemis politiques, rencontra la femme de cet ennemi, dont il ne prévoyait pas que, six semaines après, il deviendrait le collègue à la Chambre; cette femme, digne de tous ses hommages, il osa l'aimer...

MADAME MORISSET. Et elle eut l'imprudence...

DUMOULIN. De souffrir qu'on l'aimât. Mon Dieu! où est le mal?

MADAME MORISSET. Le mal, Monsieur, c'est justement d'avoir souffert que vous me fissiez la cour; c'est de vous y avoir encouragé, quoiqu'à mon insu, par l'étourderie de mon caractère, par une légèreté qui est plus dans mon esprit que dans mon cœur, je vous le jure; le mal, c'est d'avoir reçu chez moi, dans ma propre maison, l'ennemi politique de mon mari...

DUMOULIN, *l'interrompant et souriant.* Oh! c'est une circonstance atténuante!

MADAME MORISSET, *reprenant.* De mon mari, Monsieur, qui rentre chez lui, ce soir, pour la première fois, et qui, n'y voyant plus une chose qu'il y avait laissée et regrettée, va me demander avec inquiétude... ce que je viens vous redemander, à vous, avec confiance : mon portrait! (*Elle se lève, émue, mais se contenant.*) Monsieur Dumoulin, rendez-moi mon portrait!

DUMOULIN. Vous le rendre, Madame?

MADAME MORISSET. Vous ne pouvez y tenir beaucoup.

DUMOULIN, *à part.* C'est vrai, et pourtant...

(*Achevant tout haut.*) Je le regardais tout à l'heure, je l'admirais...

MADAME MORISSET. Vous l'avez donc encore?

DUMOULIN. Ah! Madame!

MADAME MORISSET. Je craignais... Oh! je vous en prie, Monsieur... je serais trop malheureuse si mon mari venait à soupçonner...

DUMOULIN, *à part.* Je comprends... (*Haut.*) Eh bien! Madame...

MADAME MORISSET. Parlez... Où est-il?.. où est-il?..

MORISSET, *en dehors.* Où est-il? où est-il?

DUMOULIN, *inquiet et surpris.* Hein?.. Mais il y a de l'écho ici!

MADAME MORISSET, *avec crainte.* Cette voix...

MORISSET, *de même.* Où es-tu, Dumoulin?

DUMOULIN. Morisset!

MADAME MORISSET. Ciel!.. où fuir?..

DUMOULIN, *montrant la droite.* Là, dans ma chambre à coucher.

MADAME MORISSET. Dans votre chambre... jamais! (*Désignant les rideaux de la fenêtre, à gauche.*) Ah! ces rideaux!..

(*Elle se cache derrière les rideaux.*)

DUMOULIN, *voyant ouvrir la porte du fond.* Il était temps!

<hr>

SCÈNE VIII.

LES MÊMES, MORISSET, UN GENDARME.

(*Morisset a très chaud et est tout essoufflé.*)

LE GENDARME, *à Morisset.* Tenez, Monsieur, le voici justement, M. le maire.

MORISSET, *à Dumoulin.* Ah! je te trouve donc enfin!

(*Il se laisse tomber sur un siége près de la fenêtre.*)

DUMOULIN [*]. Ce cher Morisset!.. mais qu'as-tu donc, mon ami?

MORISSET. Moi... rien... seulement je suis éreinté... trois lieues à pied... pour mon plaisir... par un soleil superbe! Ah! que j'ai donc chaud! Je me suis détourné d'une demi-lieue pour venir t'embrasser.

DUMOULIN [**]. C'est bien gentil de ta part.

LE GENDARME. Et comme monsieur ne savait pas où demeurait M. le maire, je me suis offert pour l'y conduire.

MORISSET. Merci, gendarme, merci. (*A Dumoulin.*) Ce défenseur de l'ordre a été pour moi d'une politesse!.. Gendarme, vous êtes un homme aimable. Veuillez accepter...

(*Il lui tend la main.*)

[*] M. D. Le g.
[**] D. M. Le g.

LE GENDARME, *après hésitation, lui prenant la main.* Ah! Monsieur, c'est trop d'honneur.

DUMOULIN, *au gendarme.* Godard, descendez à l'office ; Marianne vous fera rafraîchir.

(Le gendarme salue et sort.)

DUMOULIN, *à part, regardant Morisset.* Est-ce qu'il va rester ici?

MORISSET. En parlant de rafraîchir, j'ai bien chaud!.. Ah! qu'il fait donc chaud !

DUMOULIN. Mais j'y pense ! tu prendrais volontiers quelque chose ?

MORISSET. Très volontiers... un peu d'air... j'ai besoin d'air.

DUMOULIN. Alors, viens te promener au jardin.

MORISSET. Me promener!.. quand j'ai fait trois lieues à pied... et qu'il m'en reste encore deux à faire... je te remercie, par exemple !

DUMOULIN, *à part.* Et elle, qui est là !

MORISSET. Décidément j'ai trop chaud .. C'est insupportable. Je vais ouvrir la fenêtre.

(Il se lève.)

DUMOULIN, *le faisant rasseoir.* Te déranger !.. fatigué comme tu l'es...

(Il va ouvrir la fenêtre.)

MORISSET. Merci!.. *(Se levant et examinant*.)* Je n'avais pas encore examiné ton cabinet de travail... des pipes, des pistolets, des sabres... c'est très joli... surtout ce grand diable de sabre...

DUMOULIN. Oui, il est fort beau... mais puisque tu es un connaisseur, j'ai là, dans ma chambre à coucher, un fusil qui est un chef-d'œuvre.

MORISSET, *à lui-même.* Il me semble à présent que j'ai froid.

DUMOULIN, *élevant la voix avec intention.* Il faut que je te fasse admirer ce fusil. Suis-moi, Morisset.

MORISSET. Avec plaisir... Plus tard. Eh! parbleu, tu viens de me donner une idée. Avant d'arriver chez moi, il va me falloir traverser un bois assez mal famé; et, sans avoir peur, mais par prudence, je t'emprunterai ton fusil.

DUMOULIN. Eh bien, c'est ça, viens le prendre tout de suite.

MORISSET, *s'asseyant à droite, près du bureau.* J'ai le temps. Je ne partirai qu'après la grande chaleur, vers le soir.

DUMOULIN. Ah! vers le soir... seulement?

MORISSET. Oui, seulement... j'ai tant de plaisir à causer avec toi!.. et puis tant de choses à te dire...

DUMOULIN, *à part.* Mais comment faire ?

MORISSET. J'ai fait, en route, des observations très intéressantes sur l'agriculture... figure-toi d'abord...

DUMOULIN, *impatient.* Eh! que veux-tu que je me figure...

D. M.

MORISSET, *sans l'écouter, à lui-même.* Décidément, j'ai froid, et crainte de m'enrhumer...

(Il se lève pour aller fermer la fenêtre.)

DUMOULIN, *le retenant.* Eh bien ? où vas-tu donc?

MORISSET. Fermer la fenêtre... il vient par là un vent...

DUMOULIN. Mais tu rêves...

MORISSET. Mais regarde donc comme le vent agite les rideaux...

DUMOULIN, *à part* C'est elle!.. *(Haut.)* Oui, oui, tu as raison... et je vais fermer...

(Il va fermer la fenêtre.)

MORISSET. Très bien. Pourvu qu'à présent je n'étouffe pas... il fait si chaud ici!

DUMOULIN, *à part.* Si elle allait se trouver mal !

MORISSET. Je te disais donc qu'en route, j'ai examiné la campagne... j'ai étudié la nature ! *(Tout en causant, il prend sur le bureau de Dumoulin l'œillet rouge que celui-ci y a laissé ; il le flaire, puis le rejette, puis le reprend à différents intervalles dans la fin de cette scène.)* La belle et douce chose que la nature !

DUMOULIN, *à lui-même perdant patience.* Ah ! à la fin ! *(Il se met à son bureau dont il bouleverse violemment tous les papiers.)* Pardon, mon cher, moi, j'ai à travailler.

MORISSET. Travaille... c'est juste... Tiens, j'ai vu des poires... du messire-Jean, entr'autres... mais surtout du rousselet... ah! quel rousselet !... Aimes-tu le rousselet ?..

DUMOULIN, *qui culbute tout sur son bureau avec une sorte de rage, tout-à-coup et presque en fureur.* Eh bien! non, je ne l'aime pas, le rousselet!.. *(Se levant et le regardant.)* Je n'aime pas ce qui m'ennuie, ce qui me fatigue!.. enfin, je n'aime pas... ce que je n'aime pas!.. entends-tu?..

(Il se rassied.)

MORISSET. A la bonne heure!.. mais il ne faut pas te fâcher parce que tu n'aimes pas le rousselet !.. On dit tranquillement je n'aime pas le rousselet, et c'est fini...

DUMOULIN. Certainement... j'ai eu tort, mon ami. . mais si tu pouvais te douter!.. si tu savais; ce n'est pas pour te renvoyer...

MORISSET. Aussi, je ne m'en vais pas.

DUMOULIN, *à lui-même.* Je le vois bien ! *(A Morisset.)* Mais une foule d'affaires très urgentes... des lettres qui me sont arrivées... auxquelles il faut que je réponde, et que je n'ai pas encore eu le temps de lire...

MORISSET. Lis, écris, ne te gêne pas... je ne dis plus rien... Je vais rêver à ma femme.

(Il prend une dernière fois l'œillet rouge, et le conserve machinalement dans sa main, puis le met à sa boutonnière.)

DUMOULIN. Mais je sais que tu es là... ça me

trouble... tiens, je ne sais pas seulement ce que je fais...

MORISSET. Oui, il y a des gens comme ça... qui ne peuvent rien faire quand il y a quelqu'un là...

DUMOULIN. Tiens, voici une lettre que j'ai lue deux fois, et que je suis obligé de relire parce que tu es là, et que ça m'empêche de comprendre... (*Feignant de lire avec difficulté et lisant avec irritation une des lettres qu'il a devant lui.*) Monsieur le maire... (*S'interrompant et regardant la fenêtre.*) Un premier !..

MORISSET. Un premier ?..

DUMOULIN. Hein ? tu dis ?..

MORISSET. C'est toi... qui dis.. un premier...

DUMOULIN. Mais, non... tu vois bien... tu m'interromps... Là !.. je ne sais plus !.. (*Lisant.*) « Monsieur le maire, je vous préviens qu'un complot...» (*A Morisset.*) C'est excessivement grave, il s'agit d'une épouvantable conspiration.

MORISSET. Une conspiration !..

DUMOULIN, *à part.* Si la peur pouvait le faire partir ! (*Haut.*) Oui, c'est horrible... on me prévient qu'en ce moment des hommes se précipitent vers ma commune, avec des fourches, des piques, des sabres, des poignards, des canons...

MORISSET. Des canons !

MADAME MORISSET, *poussant un léger cri d'effroi.* Ah !

DUMOULIN, *à part.* Ciel !

MORISSET Qu'est-ce que c'est ?

DUMOULIN, *criant.* Ce n'est rien... (*Se levant.*) Mais va-t-en, va-t-en vite, ou je ne réponds plus de tes jours !

MORISSET, *se levant aussi.* M'en aller ! jamais ! je n'ai pas peur, moi ! qu'ils viennent, les scélérats, qu'ils viennent !

DUMOULIN, *à part.* Ah ! j'en deviendrai fou. (*Haut.*) Mais je te répète...

MORISSET. Ah ! c'est donc ça que tout-à-l'heure, quand je suis arrivé, ils étaient trois ou quatre cents sur la place... Je vais leur parler !...

DUMOULIN, *remontant.* Eh bien, viens !..

MORISSET, *faisant un pas vers la fenêtre.* Non ! là... du haut du balcon...

DUMOULIN, *revenant et le retenant.* Mais quand je te dis que ce sont des conspirateurs SOCIALISTES ! Ils ont des armes... ils doivent porter un signe de ralliement !..

MORISSET. Mais... qu'est-ce qu'ils doivent porter, ces gueux-là ?

DUMOULIN, *apercevant l'œillet que Morisset a mis à sa boutonnière.* Que vois-je ?

MORISSET, *se retournant.* Quoi donc ?

DUMOULIN, *à lui-même.* Ah ! ma foi ! tant pis ! (*Il remonte vivement la scène.*) Je n'ai pas le choix des moyens !..

MORISSET. Où va-t-il ?

DUMOULIN, *au fond et appelant.* Godard !.. gendarmes !.. à moi !..

MORISSET. Il n'y a pas besoin de Godard... de gendarmes... je vais leur parler. (*Il se dirige de nouveau vers la fenêtre.*)

(*Entrent deux gendarmes.*)

DUMOULIN, *aux gendarmes.* Vous voyez bien cet homme qui a un œillet rouge...

MORISSET. Qu'est-ce qui lui prend ?.. (*Il ôte l'œillet et le jette sur le bureau.*)

DUMOULIN. Arrêtez-le !

(*Les gendarmes le saisissent.*)

MORISSET, *se débattant.* M'arrêter !

DUMOULIN. Emmenez-le.

MORISSET, *de même.* Mais on n'en a pas le droit.

DUMOULIN, *criant.* Ne l'écoutez pas !

MORISSET, *de même.* Je suis...

DUMOULIN, *de même.* Obéissez !

CHŒUR.

Air de *Couder.*

LES GENDARMES.

Qu'on le force à se taire,
Emparons-nous de lui !
Et sur l'ordre du maire,
Eloignons-le d'ici !

DUMOULIN.

Qu'on le force à se taire,
Emparez-vous de lui !
Et sur l'ordre du maire,
Éloignez-le d'ici !

MORISSET.

C'est un ordre arbitraire,
De la part d'un ami.
Quoi ! sur l'ordre du maire,
On m'arrache d'ici !

(*Les gendarmes entraînent Morisset, qui crie et se débat. Madame Morisset sort de derrière les rideaux.*)

SCÈNE IX.

DUMOULIN, MADAME MORISSET.

DUMOULIN. Vite, Madame, fuyez !

MADAME MORISSET. Ah ! Monsieur qu'avez-vous fait ?

DUMOULIN. Ce que j'ai pu... pour vous sauver... et c'est grâce à ce bienheureux œillet....
(*Il désigne l'œillet rouge que Morisset a rejeté sur le bureau.*)

MADAME MORISSET. Quoi ! c'est cette fleur ! (*Elle la prend ; avec inquiétude.*) Mais mon pauvre mari ?..

DUMOULIN. Je vais le rejoindre. (*Détachant une petite clé d'un trousseau de clés où l'on en voit plusieurs de la même dimension.*) Vous, prenez cette clé... cette petite porte qui mène au jardin, et de là, dans la rue... Adieu, adieu, Madame.

(*Il sort vivement par le fond.*)

SCÈNE X.

MADAME MORISSET, *seule.* Ah !.. où peut
vous entraîner une première imprudence !.. je jure
bien à présent de ne jamais m'exposer .. (*Parlant
de l'œillet qu'elle tient à la main.*) Voilà donc ce
qui m'a sauvée !.. une fleur !.. je ne sais comment !
je devrais la garder toujours en souvenir du danger que j'ai couru. (*Elle l'attache à son corsage.*)
Oh ! quelle leçon !.. je ne l'oublierai de ma vie !..
(*Elle a essayé inutilement la clé à la porte dérobée.*)
C'est une fatalité !.. cette clé n'ouvre pas... (*Désignant la porte de sortie.*) Ah ! peut-être l'escalier
est-il libre... Grand Dieu... on monte... cette
voix... c'est celle de mon mari... (*Désignant les
rideaux de la fenêtre.*) Là... oh ! non ! j'y ai eu
trop peur !.. (*Courant à la chambre à coucher.*)
Plutôt cette chambre. (*Elle y entre au moment
où reparaissent ensemble Morisset et Dumoulin.*)
Ah !..

(*Elle ferme vivement la porte.*)

SCÈNE XI.
DUMOULIN, MORISSET.

DUMOULIN. Crois bien que je suis désespéré...

MORISSET. Mais, au contraire, c'est moi qui te
remercie... tu m'as pris pour un conspirateur. Ne
t'excuse donc pas !.. Est-ce que j'y regarderais à
deux fois, moi ?.. Est-ce que, pour le maintien de
l'ordre, je ne ferais pas arrêter mes parents , ma
femme, mes enfants, si j'en en avais... mes amis
les plus chers .

DUMOULIN. Ainsi, tu me pardonnes...

MORISSET. Je fais plus, je veux que tu sois ré-
compensé !

(*Désignant la boutonnière de Dumoulin.*)
DUMOULIN. Morisset...

MORISSET. Si ! si ! ça te manque, tu l'auras !

DUMOULIN, *croisant vivement les revers de son
habit.* Mais non !..

MORISSET. Si ! si ! on en donne beaucoup...

DUMOULIN, *lui donnant la lettre restée sur la
table.* Du moins, que cet écrit te fasse connaître
les raisons...

MORISSET. Qu'ai-je besoin ?

DUMOULIN. Lis toujours.

MORISSET. Puisque tu le veux !

DUMOULIN, *à part.* Ciel ! et son portrait qui est
toujours là... il faut bien vite le lui renvoyer.

MORISSET, *qui lisait la lettre.* Oh ! c'est affreux !

DUMOULIN, *qui s'est mis au bureau et qui écrit.*
Tu permets, cher ami...

MORISSET. Va donc, ne fais pas attention à moi..
(*Lisant.*) Un œillet rouge à la boutonnière... ah !
quand je remettrai des fleurs à ma boutonnière...
(*Ici Dumoulin agite sa sonnette.*) Tu es occupé...
je te laisse...

DUMOULIN, *voulant se lever.* Mais...

MORISSET, *avec force.* Ne te dérange pas... je
ne veux pas que tu te déranges... à bientôt...
ah ! étourdi ! ce fusil que tu m'as proposé...

DUMOULIN. Attends, je vais. .

MORISSET. Mais, non... puisqu'il est là , je le
prendrai bien moi-même.

(*Il entre dans la chambre où se trouve sa
femme.*)

UN PAYSAN, *entrant.* Monsieur a sonné ?..

DUMOULIN *se levant et lui donnant une lettre
et un paquet, qu'il met dans une même enve-
loppe.* Fais porter cette lettre et ce portrait à leur
adresse.. dépêche-toi, cours vite.

(*Le paysan sort.*)

MORISSET, *dans la chambre.* Que vois-je !

DUMOULIN. Qu'est-ce donc ?

MORISSET, *en dehors.* Que faites-vous ici, Madame ?

MADAME MORISSET, *en dehors.* Mais, Monsieur...

DUMOULIN. Juste ciel !

MORISSET, *entrant.* Venez, venez, vous m'ex-
pliquerez sans doute...

DUMOULIN. Perdus !..

MORISSET. Eh bien !.. voyons, parlerez-vous !..
que faisiez-vous là... dans cette chambre.

DUMOULIN, *apercevant l'œillet au corsage de
madame Morisset*[*]. Ah ! sauvée !..

MORISSET. Dumoulin... m'expliquerez-vous...

DUMOULIN, *passant au milieu.* Tu le veux ?

MORISSET. Si je le veux ?..

DUMOULIN, *lui présentant le papier qu'il a déjà
lu et qu'il prend sur le bureau.* Relis donc.

MORISSET, *avec impatience.* Encore ce papier...
mais tu m'as déjà fait lire...

DUMOULIN. Et maintenant cet œillet...

MORISSET. Eh bien ! oui... un œillet... un signe
de ralliement...

DUMOULIN, *montrant madame Morisset.* Regarde !

MORISSET, *apercevant l'œillet rouge au corsage
de sa femme.* Grand Dieu !

MADAME MORISSET. Que signifie ?..

MORISSET, *tombant dans un fauteuil.* J'ai
épousé une républicaine !!

[*] D. M. mad M.

FIN DU DEUXIÈME ACTE.

ACTE TROISIÈME.

Chez Morisset.

Un salon bourgeoisement meublé ; deux portes latérales ; à gauche, l'entrée de la chambre à coucher de madame Morisset ; plus au fond, toujours à gauche, une cheminée; à droite, l'entrée des autres chambres ; une porte, au fond, à droite; dans l'angle du fond, une croisée.

SCENE PREMIERE.

MORISSET, UN DOMESTIQUE.

MORISSET, *allant au fond.* Et tu es sûr que c'est lui?.. tu l'as reconnu?

LE DOMESTIQUE, *qui est allé à la fenêtre, redescendant la scène avec Morisset.* Le reconnaître, c'était difficile, je ne le connais pas; mais quant à savoir si c'est lui, j'en suis bien sûr : il m'a dit son nom.

MORISSET. Raboulot?

LE DOMESTIQUE. Raboulot tout court. « Je suis Raboulot, épicier, qu'il m'a fait; ton maître est-il visible? » Sur quoi j'ai répondu, il est visible, mais vous ne pouvez pas le voir, il déjeune avec une société d'amis et en compagnie de madame son épouse.

MORISSET, *à part.* Ah! quelle contrainte pendant tout ce déjeuner!

LE DOMESTIQUE. C'est comme il est venu aussi le père Pilou, le maître d'école.

MORISSET. Eh bien, qu'est ce qu'il me veut, le père Pilou?

LE DOMESTIQUE. C'est pour son école qui tombe en ruines.

MORISSET. Bon! après?

LE DOMESTIQUE. Il est venu M. l'adjoint du maire.

MORISSET. Après ?

LE DOMESTIQUE. Il est venu M l'ingénieur des ponts-et-chaussées... il est venu...

MORISSET. Va-t-en au diable, toi et ceux qui sont venus !

LE DOMESTIQUE. Mais, Monsieur, ils reviendront !

MORISSET. Ah! c'est à en devenir fou! (*Brusquement.*) Où est ma femme?

LE DOMESTIQUE. Dans le potager... avec cette jeune demoiselle...

MORISSET, *à lui-même.* Dans le potager! elle est capable d'en arracher tous les légumes pour y planter des œillets rouges !

LE DOMESTIQUE. Monsieur?

MORISSET. Laisse-moi.

(*Le domestique sort.*)

SCENE II.

MORISSET, *seul, se promenant à grands pas.* —*S'arrétant.* La malheureuse!.. s'affilier à des conspirateurs! moi qui, avant mon départ, l'avais abonnée au *Constitutionnel!* et ce pauvre Du-

moulin! ma femme était chez lui, arrêtée par des gendarmes; et par amitié, parce que c'était ma femme, il se compromettait en la sauvant! Elle m'a dit que c'était par hasard qu'elle s'était parée de cet œillet, qu'on l'avait arrêtée sans qu'elle sût pourquoi; mais son trouble en me parlant... et puis, hier soir, quand, pour l'interroger encore, j'ai voulu la suivre, là, dans sa chambre à coucher, sa précipitation à me fermer la porte au nez!.. ah! mon Dieu! j'y pense!.. est-ce que sa chambre renfermerait... ah!.. je veux savoir...

(*Il va vers la porte à gauche.*)

SCENE III.

MORISSET, DE BLOSSAC.

DE BLOSSAC, *entrant par la droite.* Eh bien, Morisset?

MORISSET, *à part, s'arrétant.* De Blossac! qu'il ne se doute pas!..

DE BLOSSAC, *gaîment.* Voilà une heure que tu me laisses seul!.. je te cherchais pour cette partie de pêche que tu m'as promise ce matin. Que diable! nous sommes en vacances, et il faut nous distraire, nous amuser !

MORISSET. Certainement, mon ami, tu as raison... (*Avec une gaîté forcée.*) Amusons-nous... amusons-nous bien... amusons-nous toujours!

DE BLOSSAC, *qui l'examine.* Morisset... tu as quelque chose?

MORISSET. Moi... non...

DE BLOSSAC. Déjà hier, quand tu m'as rejoint sur la route, avec ta femme, et que tu m'as invité à venir chez toi où justement j'allais... comme Lafontaine chez madame de La Sablière... tu m'as paru inquiet, soucieux, même un peu sombre...

MORISSET. Grave, voilà tout... je suis naturellement grave.

DE BLOSSAC. Écoute, mon vieux camarade... chacun a ses ennuis ou ses affaires... je ne te demande pas de confidences... mais je te supplie de me dire très franchement si ma présence et celle de ma fille, dans ta maison, ne te dérangeraient pas...

MORISSET, *avec un reproche amical.* Ah!.. de Blossac... peux-tu croire...

DE BLOSSAC, *qui le regarde.* Mais enfin, tu as quelque chose ?

MORISSET. Eh bien, oui... et puisqu'il faut te le dire, j'ai des chagrins.

DE BLOSSAC, *avec sympathie.* Oh !

MORISSET. Des chagrins domestiques.

DE BLOSSAC. Chez toi !.. dans ta maison !.. et qui peut te causer?..

MORISSET, *désignant sa femme, qui entre par le fond.* Regarde...

(Il va s'asseoir à gauche, près d'une petite table.)

DE BLOSSAC, *surpris.* Ta femme !

SCÈNE IV.

LES MÊMES, MADAME MORISSET.

(Elle tient caché un bouquet de fleurs bleues ou blanches, mais sans une seule fleur rouge.

MADAME MORISSET [*]. Monsieur de Blossac! pardon, je ne savais pas...

(Elle fait un mouvement pour sortir, Blossac va à elle.)

DE BLOSSAC, *l'amenant en scène.* C'est à moi de me retirer, Madame.

MORISSET, *à lui-même, sans la regarder.* A elle plutôt! (*A de Blossac.*) Reste.

MADAME MORISSET. Pardonnez-moi, monsieur le comte, d'avoir interrompu votre conversation, mais séparée, trois mois, d'un mari si digne de toute ma tendresse...

DE BLOSSAC, *à lui-même.* Elle est charmante, et je ne comprends pas...

MADAME MORISSET, *offrant son bouquet à son mari, qui affecte de ne pas la regarder.* Mon bon ami, permets-moi de t'offrir...

MORISSET, *l'interrompant sans la regarder.* Malheureuse!..

MADAME MORISSET, *souriant, à de Blossac.* Ah! oui, et bien malheureuse, convenez-en, Monsieur... m'être donné la peine de cueillir pour lui les plus belles fleurs du jardin !

MORISSET. Des fleurs!.. quoi!.. Vous avez encore l'audace... (*Elle lui avance câlinement le bouquet sous les yeux.*) Hein? (*N'y voyant pas d'œillet rouge ; avec satisfaction.*) Ah ! à la bonne heure!.. c'est joli . oui, ça, c'est joli... ça sent bon !

DE BLOSSAC, *gaiment, à Morisset.* Et voilà celle qui cause tes chagrins !

MADAME MORISSET, *à son mari, qui flaire le bouquet.* Tu es content?

MORISSET. Je ne suis pas furieux, voilà tout.

MADAME MORISSET, *avec entraînement* Ah! que tu es gentil !

(Elle se penche pour l'embrasser ; il se débat.)

MORISSET, *se levant et garantissant sa joue avec sa main.* Voulez-vous me laisser, Madame... voulez-vous finir... révolutionnaire !

DE BLOSSAC, *riant* [*]. Révolutionnaire , parce qu'elle veut t'embrasser !

MORISSET. Oh ! je m'entends!

DE BLOSSAC, *riant.* Révolutionnaire !.. ah ! ah ! ah!.. ah!.. quoi! Madame, vous voudriez...

MORISSET , *l'interrompant.* Ne ris pas... c'est vrai !

MADAME MORISSET, *confidentiellement à de Blossac.* Ne le croyez pas! c'est faux !

DE BLOSSAC. Si, si, Madame, je le crois... (*Avec galanterie.*) Vous devez être très dangereuse pour le repos particulier de...

MORISSET, *l'interrompant.* Dis pour le repos général !

DE BLOSSAC.

Air du *Fleuve de la vie.*

De ces beaux yeux doit-il se plaindre?
Volontiers, je comprends cela !

MADAME MORISSET.
Non, mes yeux ne sont pas à craindre.

MORISSET.
Mais, sa tête, regarde-la...

DE BLOSSAC.
Le charme, l'esprit, la finesse
Y respirent dans chaque trait !

MADAME MORISSET, *souriant au comte.*
Eh bien, Monsieur, tout cela c'est
De la scélératesse !

MORISSET. De Blossac, elle te cajole, ne te laisse pas cajoler...

DE BLOSSAC, *gaiment à lui-même, et remontant.* Mais quelle diable d'histoire...

MADAME MORISSET, *à son mari* [**]. Je vous en prie... devant M. le comte...

MORISSET. Laissez-moi .. je ne suis pas en sûreté avec vous! et puisqu'on me force à le dire... (*A de Blossac.*) Tiens , mon ami , tu vois bien sa chambre... elle ne m'y laisse pas entrer... sais-tu pourquoi ?

DE BLOSSAC. Non !

MADAME MORISSET, *à part.* Se douterait-il que mon portrait n'est plus là.

MORISSET. Eh bien!.. je n'en sais rien non plus.

DE BLOSSAC, *remontant près de la fenêtre.* Quelle folie !..

MORISSET, *allant à de Blossac.* Mais, je veux que tu sois témoin...

DE BLOSSAC, *à la fenêtre.* Que vois-je! ce jeune homme !..

(Il va sortir.)

MORISSET. Tu me quittes?

DE BLOSSAC. Je reviens... (*A lui-même.*) Ah! M. Armand!.. M. Armand!..

(Il sort par le fond.)

[*] Mad. M. M. B.
[**] Mad. M. M. B.

MADAME MORISSET, *à part.* Comment faire? bien sûr il va s'apercevoir. .

MORISSET, *voyant le comte s'éloigner.* Que diable a-t-il aussi?.. peu m'importe! j'entrerai seul!.. (*A sa femme, qui se tient devant la porte de sa chambre en affectant d'arranger le bouquet de fleurs dans un vase qu'elle a pris sur la cheminée.*) Pardon, Madame.

MADAME MORISSET, *d'un ton qu'elle s'efforce de rendre naturel.* Eh quoi! Monsieur, vous voulez?..

MORISSET, *affectant le calme.* Entrer là!.. oui Madame!

MADAME MORISSET, *de même.* Mais...

MORISSET, *de même.* Vous n'avez sans doute pas l'intention de vous opposer...

MADAME MORISSET, *le laissant passer.* Non, sans doute... et pourtant...

MORISSET. Vous me direz ça tout-à-l'heure. (*Il va pour entrer dans la chambre, le domestique paraît au fond et annonce.*)

LE DOMESTIQUE. M. Raboulot!

MORISSET. Au diable!

MADAME MORISSET, *respirant.* Ah!..

(*Elle replace le vase sur la cheminée.*)

MORISSET. Laissez-moi, Madame! (*Madame Morisset va pour entrer chez elle.*) Non, non, pas de ce côté, je vous prie.

MADAME MORISSET, *traversant la scène.* En vérité, Monsieur, de pareils soupçons...

MORISSET. On vient, Madame! veuillez vous retirer!

MADAME MORISSET, *à part, en sortant.* Comment justifier l'absence de ce portrait?

(*Elle entre à droite.*)

SCENE V.

MORISSET, RABOULOT.

RABOULOT. Ah! je vous trouve donc enfin!

MORISSET. Voyons, monsieur Raboulot, que me voulez-vous? est-ce pour me faire encore des reproches?..

RABOULOT. Non, c'est pour vous faire une demande!

MORISSET. Une demande... quoi? qu'est-ce... parlez vite!.. je n'ai pas le temps!

RABOULOT. Vous n'avez pas le temps? Et moi, si j'avais dit aussi : je n'ai pas le temps, quand il a fallu voter pour vous.

MORISSET. Oui... vous avez raison... Eh bien, de quoi s'agit-il?

RABOULOT. D'une petite demande honnête et modérée. C'est pour mon oncle, qui est de l'arrondissement et modéré comme sa demande. Je vous prie de solliciter pour lui la place de receveur des contributions; attendu qu'il ne peut plus payer les siennes.

MORISSET. C'est que cette place est occupée.

RABOULOT, *tranquillement.* Faites destituer le titulaire.

MORISSET. C'est que le titulaire...

RABOULOT. Eh bien?..

MORISSET. C'est que le titulaire est mon cousin.

RABOULOT, *s'écriant.* Votre cousin!.. qu'est-ce que j'entends là'.. du népotisme!.. vous faites placer votre famille!..

MORISSET. Vous voulez bien faire placer la vôtre!

RABOULOT. Est-ce que je suis représentant! est-ce que j'abuse, comme vous, de mon influence sur le ministère?

MORISSET. Non, mais vous abusez de votre influence sur moi!

RABOULOT. Mais, si j'en avais sur vous, de l'influence, vous feriez nommer mon oncle!

MORISSET. Impossible... faire destituer mon cousin!.. mes principes de conservateur s'y opposent!

RABOULOT.

Air : *Les anguilles et les jeunes filles.*

Un pareil refus est inique,
Et mes reproches sont fondés.

MORISSET.

Je ne puis, sans être illogique,
Faire ce que vous me demandez ;
Moi, qui par l'ordre toujours brille,
Je me proclamerais en vain
Un défenseur de la famille,
Si je déplaçais mon cousin !
Un défenseur de la famille
Ne peut déplacer son cousin.

RABOULOT. Monsieur!.. c'est une infamie!... est-ce qu'un cousin est au même degré qu'un oncle?

MORISSET. Mais ce cousin est mon cousin, tandis que votre oncle n'est pas mon oncle.

RABOULOT. Votre cousin est votre cousin, et mon oncle n'est pas votre oncle... mais mon oncle est un modéré!

MORISSET. Mais mon cousin est encore plus modéré que votre oncle!

RABOULOT, *avec de grands gestes.* Allons donc! allons donc!

(*Il passe à gauche.*)

SCENE VI.

LES MÊMES, PÈRE PILOU.

LE PÈRE PILOU, *du fond'.* Ah! monsieur Morisset!.. notre bon représentant!

MORISSET. Allons! l'instituteur primaire, à présent!

LE PÈRE PILOU. Monsieur le représentant, je vous présente bien mes devoirs d'instituteur modéré, et j'ai l'honneur de vous représenter que le secours modéré, aussi, que vous nous aviez promis pour la toiture de l'école, n'est pas venu, et que la pluie vient toujours.

MORISSET. Que diable voulez-vous que j'y fasse? Prenez un parapluie... (*Raboulot et Pilou se récrient.*) et mettez au pain sec tous ceux de vos élèves qui n'en prendront pas.

RABOULOT, *à lui-même.* Mais c'est un monstre! J'ai nommé un monstre!

SCÈNE VII.

LES MÊMES, L'ADJOINT AU MAIRE, *suivi de*
QUELQUES PAYSANS.

L'ADJOINT, *à la cantonade*. Par ici! par ici! mes amis!

(*Entrée des paysans.*)

MORISSET. Allons, bon! toute la commune, maintenant!

L'ADJOINT. Monsieur Morisset!

MORISSET. Que voulez-vous?

L'ADJOINT. Nous venons vous demander notre chemin.

MORISSET, *à lui-même.* Leur chemin!.. c'est pour me demander leur chemin!.. (*Aux personnages.*) Où demeurez-vous?

(*Raboulot s'assied à gauche.*)

L'ADJOINT. Mais non... il s'agit de notre chemin vicinal.

UN PAYSAN. Moi, je viens savoir si vous avez obtenu du ministre un secours pour la refonte des cloches.

UN AUTRE. Et, moi, un supplément pour le traitement du garde champêtre.

UN AUTRE. Et, moi, marguillier, un secours pour la fabrique.

UN AUTRE. Et, moi, un secours pour moi.

TOUS. Et moi...

MORISSET. Assez!.. vous voulez donc ruiner le trésor?

RABOULOT, *à lui-même.* Mais c'est toi qui le ruines, avec ton cousin!

MORISSET.

Air du final de *Renaudin.*
Pour tout ce que vous désirez,
Dans l'intérêt de nos finances,
Modérés de toutes nuances,
Il faut être plus modérés.
Toujours, on vous voit à la piste,
Des faveurs qu'on peut accorder:
La modération consiste
A ne jamais rien demander;

R. P. M. l'Adj., etc.

Et cependant, tous à la fois,
Sur le budget cherchant à mordre,
J'entends les défenseurs de l'ordre
S'écrier d'une grosse voix:
« Monsieur, donnez-nous une route!
« Monsieur, songez à nos canaux!
« Monsieur, faites, coûte que coûte,
« Paver les chemins vicinaux!
« Le pont est en mauvais état!
« Notre école tombe en ruine!
« En place de cette colline
« Faites-nous faire un chemin plat! »
Ainsi, le trésor en détresse,
Devrait combler tous les souhaits
De gens qui demandent sans cesse
Et ne veulent payer jamais!

TOUS, *se récriant.* Oh!..

MORISSET, *continuant.*
Oui!... pas de recettes... voilà
Pourquoi l'on veut tant de dépenses,
Et le ministre des finances
Est chargé d'arranger tout ça.
Il nous faudrait, c'est véridique,
S'il n'était pas un aristo,
Pour présider la République,
Le comte de Monte-Cristo!
Encor, pour vous contenter tous,
Monte-Cristo ferait faillite,
S'il ne recevait la visite
Que de modérés tels que vous!

REPRISE ENSEMBLE.

MORISSET.
Encor, pour vous contenter tous, etc.

LES POSTULANTS.
Bien que nous soyous bons et doux,
Son insolence nous irrite;
Accueillir ainsi la visite
De gens modérés comme nous!

L'ADJOINT, *lui prenant le bras.* Tout cela est bel et bon, mais je tiens à notre chemin.

PILOU, *le prenant de l'autre côté.* Moi, je tiens à mon école!

UN PAYSAN. Le curé tient à ses cloches!

TOUS, *le tirant.* Mais nous tenons tous...

MORISSET. Vous tenez, vous tenez... (*Se débattant.*) Mais ne me tenez donc pas comme ça!

RABOULOT, *à la foule, se levant*. Vous ne tenez rien du tout! et voulez-vous que je vous en dise la raison?... (*Faisant face à Morisset.*) C'est qu'il fraye avec des blancs et des rouges... avec un comte de Blossac qui est chez lui maintenant...

(*Tous se récrient.*)

SCÈNE VIII.

LES MÊMES, DUMOULIN, *entrant par le fond.*

DUMOULIN, *sans être vu.* Oh! que de monde!

M. R. P. l'Adj., etc.

RABOULOT. Et un Dumoulin chez qui il était hier !

(Tous se récrient.)

DUMOULIN, *se cachant, à part.* On parle de moi !

MORISSET. Mais ce sont mes amis !

TOUS, *avec exaspération* Ses amis !..

RABOULOT. Vous l'entendez ! je ne lui fais pas dire... Ah ! vous nous le paierez !

TOUS, *le menaçant du geste.* Oui ! vous nous le paierez !

MORISSET. Des menaces ! sortez ! sortez !.. et je vous accompagne pour vous consigner tous !

ENSEMBLE.

Air : *Trahison... perfidie...*

MORISSET.

La fureur me transporte !
Quoique modéré, je doi
Les jeter à la porte !
Allons, sortez de chez moi !

LES AUTRES PERSONNAGES.

La fureur me transporte !
Quoique modéré, je doi
Te punir de bonne sorte,
Crains de me revoir chez toi !

(Morisset les pousse dehors et sort avec eux.)

SCÈNE IX.

DUMOULIN, *seul, puis* MADAME MORISSET, *et ensuite* MORISSET.

DUMOULIN. Il paraît que les vacances de la modération ne sont pas plus divertissantes que celles de la démocratie... Étourdi que je suis ! me tromper de portrait !.. renvoyer à madame Morisset ce portrait légitimiste, que, dans ma précipitation, j'ai pris pour le sien ! Qu'a-t-elle dû penser?.. et quelle imprudence ! car ce portrait était accompagné d'un billet, et c'est à peine si je me souviens de ce que j'ai pu écrire, tant j'étais troublé... Si Morisset avait reçu?.. Oh ! non... et j'arrive à temps, je l'espère... *(S'approchant de la chambre à coucher, dont il pousse légèrement la porte, qui s'entr'ouvre.)* Cette porte, qui est ouverte. . Elle est là, peut-être... *(Ouvrant la porte.)* Non, je ne vois personne... Si je profitais de ce moment pour remettre ce portrait à la place où je l'ai pris... Oui, allons...

(Il entre à gauche.)

MADAME MORISSET, *entrant par la droite et apercevant Dumoulin qui entre chez elle.* Que vois-je ! M. Dumoulin ! *(Voyant entrer son mari par le fond.)* Ciel !

MORISSET, *à lui-même, entrant.* Enfin !..

(Il descend la scène.)

MADAME MORISSET, *à part.* Mon mari !

(Elle se dirige vers sa chambre.)

MORISSET. J'en suis débarrassé !.. et maintenant... *(Apercevant sa femme.)* Ah ! encore là, Madame ! *(Se dirigeant vers la chambre de sa femme.)* J'arrive à temps, à ce qu'il paraît !..

MADAME MORISSET. Monsieur !..

MORISSET. Retirez-vous !

MADAME MORISSET. Écoutez-moi ! je vous en prie !

MORISSET. Voulez-vous me laisser...

MADAME MORISSET, *résolument.* Vous n'entrerez pas !

MORISSET. Plaît-il ?

MADAME MORISSET. Vous m'écouterez, Monsieur, et quand vous saurez...

MORISSET. Ce que je veux savoir, Madame, c'est le secret que renferme cette chambre et...

MADAME MORISSET. Monsieur !..

MORISSET, *la déplaçant brusquement.* Place donc, s'il vous plaît !

(Il entre à gauche.)

MADAME MORISSET, *tombant assise, à gauche, près de la petite table.* Ah ! mon Dieu ! mais pour quel motif M. Dumoulin ?.. sans doute pour me rendre ce portrait. . et il faut qu'au même instant mon mari... Ah ! quel éclat !.. quel scandale !.. *(Elle écoute.)* Mais non... je n'entends rien... *(Le voyant entrer.)* Ah !

MORISSET, *rentrant avec une flèche de lit et un châle rouge, roulé de façon à ce que le public n'en voie pas les franges.)* Voilà tout ce que j'ai trouvé de séditieux !

MADAME MORISSET, *à part.* Seul !

MORISSET, *lui montrant la flèche.* Madame ! qu'est-ce que c'est que cela?

MADAME MORISSET, *regardant à peine.* Mais...

MORISSET, *lui montrant le châle.* Et cela?..

MADAME MORISSET, *de même.* Mais, Monsieur...

MORISSET. Et la fenêtre qui était ouverte !

MADAME MORISSET, *rassurée, et passant à droite.* Ah !

MORISSET. Me répondrez-vous !

MADAME MORISSET. Mais, je ne vous comprends pas.

MORISSET, *frappant contre le parquet le manche de la flèche.* Je vous demande quelle est cette hampe... car c'est une hampe, n'est-ce pas?

MADAME MORISSET, *souriant.* Non, Monsieur, c'est une flèche.

MORISSET, Une flèche !

MADAME MORISSET. La flèche de notre lit... que j'ai fait remplacer par une couronne.

MORISSET, *furieux.* Une couronne ! *(S'apaisant.)* Ah ! une couronne... *(Montrant le châle.)* Et cet emblème de la révolte...

(Il le froisse dans ses mains.)

MADAME MORISSET. Mais vous chiffonnez mon châle !

(Elle prend le châle, qui se développe.)

MORISSET. Votre châle!.. vous avez un châle rouge!

MADAME MORISSET. C'est vous qui me l'avez acheté.

MORISSET. Moi! je vous ai acheté un châle rouge!

MADAME MORISSET. Il y a deux ans, le lendemain de février.

MORISSET, *vivement.* C'est bon! c'est bon!.. on ne vous demande pas quand je l'ai acheté... Ah çà! mais, alors, pourquoi votre trouble?

ARMAND, *en dehors.* Venez, venez, mon oncle!

MORISSET. Chut!.. quelqu'un !..

SCÈNE X.

LES MÊMES, CÉCILE, ARMAND, DUMOULIN.

CÉCILE, *entrant du fond, soutenant Dumoulin.* Appuyez-vous sur moi, là... doucement.

MORISSET. Dumoulin!

MADAME MORISSET. Lui!

MORISSET, *pendant qu'on assied Dumoulin à droite.* Oh! mon Dieu! est-ce que tu aurais fait une chute?

DUMOULIN. Oh! légère!

MORISSET. Pas chez moi, j'espère!

CÉCILE Au contraire!.. au beau milieu de votre potager.

MORISSET. De mon potager!

ARMAND. Mademoiselle et moi, nous causions tristement de nos chagrins, quand tout à coup un grand bruit se fait entendre...

CÉCILE. Effrayés, nous nous retournons vivement...

(Elle passe à gauche, près de madame Morisset.)

ARMAND. Et nous trouvons mon oncle par terre, dans un carré d'artichauts...

DUMOULIN. C'est votre faute, Monsieur; si vous ne couriez pas après Mademoiselle, je ne serais pas obligé de courir après vous, et si je ne courais pas...

MORISSET. Tu ne serais pas tombé.

DUMOULIN, *lui prenant la main.* Mais aussi je n'aurais pas eu le plaisir de revoir aussitôt ce bon, cet excellent ami.

MORISSET. A propos d'ami, tu sais que de Blossac est chez moi.

DUMOULIN, *regardant Cécile.* Je m'en suis bien douté en voyant Mademoiselle.

MORISSET. Encore tous les trois ensemble!.. Viens, suis-moi, nous allons le surprendre.

MADAME MORISSET. Monsieur, qui est souffrant, préférerait peut-être...

MORISSET. Oui, oui, c'est juste... et, j'y pense, puisque te voilà, la partie sera complète.

DUMOULIN. Quelle partie?

MORISSET. Une partie de pêche, arrangée avec de Blossac. La pêche, ce n'est pas fatigant.

(Il fait avec la flèche le geste de pêcher à la ligne.)

DUMOULIN, *qui le regarde.* Hein?

MORISSET, *vivement.* Ce n'est pas une hampe!

DUMOULIN. Et qui te dit?

MORISSET. Non, c'est une flèche. Mais nous courons donner des ordres...

ENSEMBLE.

Air des *Puritains.*

Gais représentants en vacances,
Tous les trois ^{montons}/_{montez} en bateau,
Et que de joyeuses séances,
Aujourd'hui, se tiennent sur l'eau.

MORISSET, *à Dumoulin.*
Ici, je reviendrai te prendre.

MADAME MORISSET.
Ah! j'ai failli mourir d'effroi!

DUMOULIN, *à part.*
Sans doute elle a dû me comprendre !

MORISSET.
Allons, Madame, suivez-moi.

ENSEMBLE.

Gais représentants, etc.

(Morisset sort avec sa femme.)

SCÈNE XI.

DUMOULIN, ARMAND, CÉCILE.

DUMOULIN, *se croyant seul.* J'ai remis le portrait à sa place...

ARMAND, *au fond, à Cécile.* Le voilà seul, vous m'avez bien compris?..

DUMOULIN, *à lui-même.* Mais cet autre, que ma lettre accompagnait!

ARMAND, *lui remettant un livre.* Un peu d'adresse... et notre cause n'est peut-être pas perdue...

DUMOULIN. Oh !.. elle l'aura reçu !..

ARMAND. Moi, je vais rejoindre M. de Blossac !

(Il sort par le fond.)

SCÈNE XII.

DUMOULIN, CÉCILE.

CÉCILE, *descendant en scène.* Allons, à mon rôle...

(Elle ouvre le livre et se met à lire en se promenant.)

DUMOULIN, *l'apercevant.* Mademoiselle de Blossac! tiens! elle est encore là!..

CÉCILE. Il m'a vue !

DUMOULIN, *la suivant*. Quel est donc ce livre qui absorbe toute son attention?.. Oh! sans doute, *la Vie des saints* ou *l'histoire féodale des comtes de Blossac!*.. Une nièce bien divertissante que mon neveu voulait me donner là.

CÉCILE, *comme si la lecture l'enthousiasmait*. Oh! bien! très bien!

DUMOULIN. Parbleu! je suis curieux de savoir ce qu'elle trouve « Bien... très bien! » (*Lisant par-dessus l'épaule de Cécile*.) *Le droit au travail!*

CÉCILE, *cri de frayeur*. Ah!

DUMOULIN. Est-il possible!. *Le droit au travail* entre ces jolies petites mains!..

CÉCILE. Oh! Monsieur! ne dites pas à mon père...

DUMOULIN. Eh quoi! c'est à son insu?

CÉCILE. Vous me blâmez!

DUMOULIN. Non pas! je m'étonne, voilà tout!

CÉCILE. Oh! dans notre pensionnat, nous avons des opinions un peu...

DUMOULIN. Un peu?..

CÉCILE. Un peu avancées.

DUMOULIN. Elle est charmante!

CÉCILE. D'abord la lecture des journaux... (*En confidence*.) A la pension, nous sommes secrètement abonnées à... (*Cherchant et trouvant*.) A la *Réforme* et au *National*... et si vous saviez comme nos cœurs battent, comme nos idées grandissent à la lecture de vos luttes parlementaires! comme nous applaudissons à l'éloquence de nos grands orateurs de l'opposition!

DUMOULIN. Comment? vous connaissez nos grands orateurs de l'opposition?

CÉCILE. Je pourrais vous les nommer tous!

DUMOULIN. Tous!

CÉCILE. Excepté un...

DUMOULIN. Pourquoi donc?

CÉCILE. Je craindrais de blesser votre modestie.

DUMOULIN, *saluant*. Mademoiselle, cet éloge dans votre bouche...

CÉCILE, *à part*. Si M. Armand n'est pas satisfait...

DUMOULIN, *à part*. Bien sûr, elle aura lu cette séance où j'ai été trois fois rappelé à l'ordre. (*Haut.*) Mais revenons à ce livre, qu'en pensez-vous?

CÉCILE.

Air : *Oui, c'est bien cela.*

Le droit au travail,
Quoiqu'en détail,
Ce livre nous l'explique ;
Le droit au travail,
En République,
Est un épouvantail.
Et pourquoi cet épouvantail ?

C'est que l'on voit maint pauvre hère
Confondre le droit au travail
(*Souriant*.)
Avec le droit de ne rien faire.
Mais quand l'ouvrier
Veut travailler
Ce droit, qui le conteste ?
Qui pourrait railler
Ce droit modeste,
Espoir de l'atelier ?
J'ai fait faire quatre chapeaux...

DUMOULIN.

Quatre chapeaux! quelle folie!

CÉCILE.

Droit au travail.

DUMOULIN.

S'ils sont d'Herbeaux,
C'est le droit d'être plus jolie.

CÉCILE.

J'ai fait faire encor
Ma montre d'or
Afin de savoir l'heure
Où, las de souffrir,
Le pauvre pleure
Si je tarde à venir.

Droit au travail.

DUMOULIN.

Combien, hélas !
Voudraient avoir ce droit suprême !

CÉCILE.

Pour ceux qui ne travaillaient pas,
Souvent j'ai travaillé moi-même.

DUMOULIN.

Il faut me laisser
Vous embrasser,
Vous si belle et si bonne !

CÉCILE.

Il peut m'embrasser
Sans m'offenser ;
Qu'Armand me le pardonne!
Puis-je refuser?
Non, tout lui donne
Des droits à ce baiser.

(*Dumoulin l'embrasse*.)

DE BLOSSAC, *en dehors*. Bien, bien, mon jeune ami, je vais parler à votre oncle.

CÉCILE, *voyant entrer de Blossac, se sauve en oubliant son livre*. Ciel! mon père! au moins, ne lui dites pas !

DUMOULIN. Soyez tranquille !

SCÈNE XIII.

DE BLOSSAC, DUMOULIN.

DUMOULIN. Charmante enfant !

DE BLOSSAC, *regardant à la cantonade*. Excellent jeune homme !

DUMOULIN. Ah! c'est toi!..

DE BLOSSAC. Dumoulin !

DUMOULIN. Reçois mes félicitations.

DE BLOSSAC. Pourquoi ?

DUMOULIN. Ta fille est charmante !

DE BLOSSAC. Tu as vu ma fille ?

DUMOULIN. Elle me quitte à l'instant.

DE BLOSSAC. Et moi je quitte à l'instant ton neveu !

DUMOULIN. Ah !

DE BLOSSAC. Nous nous sommes rencontrés à quelques pas de cette maison, et, sur l'honneur, tu me vois ravi. Ton neveu est un garçon d'avenir. Son caractère m'a d'autant plus charmé, qu'en le rencontrant ici, je l'avais abordé avec prévention... Mais il a suffi de quelques mots de sa bouche pour me rassurer tout-à-fait.

DUMOULIN. On a bien raison de dire qu'il ne faut que s'entendre dans la vie ! les préventions que tu avais contre mon neveu, je les avais, moi, contre ta fille !

DE BLOSSAC. Ah ! que les hommes sont fous !.. dire que voilà deux amis de colléges, deux hommes séparés par des idées seulement.

DUMOULIN. Et qui doivent séparer leurs enfants au nom de ces mêmes idées !

DE BLOSSAC. Oh ! la politique !..

DUMOULIN. La politique... Est-ce que nous en ferons encore longtemps ?

DE BLOSSAC.

Air d'Aristipe.

C'est une aveugle, et, par elle, les hommes,
   Se laissent conduire au hasard ;
Pauvres chevaux de labeur que nous sommes,
Nous nous voyons attelés à son char,
Et de l'aveugle espérant un regard,
Nous nous laissons pousser dans la carrière,
   Et nous tirons, du même pas,
A droite, à gauche, en avant, en arrière...
   Voilà pourquoi le char ne marche pas !

DUMOULIN. Après tout, nous ne sommes plus au temps des Horaces. Aujourd'hui, Curiace pourrait peut être, sans trop de scandale, épouser Camille.

DE BLOSSAC. Eh ! mon Dieu ! c'est ce que je pensais en écoutant ton neveu... le plus grand obstacle était l'éducation contraire qu'avait reçue nos enfants... mais puisqu'ils pensent de la même manière...

DUMOULIN. Ah ! tu sais ?

DE BLOSSAC. Il est certain que nos enfants ne sont pas obligés de partager nos opinions.

DUMOULIN. Surtout dans un siècle où les opinions sont libres.

DE BLOSSAC. Et puisqu'ils s'aiment...

DUMOULIN. Puisqu'ils peuvent être heureux ensemble...

DE BLOSSAC. Je ne verrais pas pourquoi...

DUMOULIN. Ni moi non plus. .

DE BLOSSAC. Touche là !

DUMOULIN. Ce cher de Blossac !

DE BLOSSAC. Ce cher Dumoulin !

DUMOULIN. Nous allons donc resserrer encore les nœuds de notre vieille amitié !

DE BLOSSAC. Et qui sait si nous ne finirons pas par penser tous de même !

DUMOULIN. Dame ! puisque ta fille est déjà convertie.

DE BLOSSAC. Ma fille ! tu veux dire ton neveu ?

DUMOULIN. Non, ta fille, qui est républicaine.

DE BLOSSAC. Ma fille républicaine ! Allons donc ! c'est ton neveu qui est légitimiste.

DUMOULIN. Mon neveu légitimiste ! par exemple !

DE BLOSSAC. Il me l'a dit lui-même.

DUMOULIN. Lui-même !..

DE BLOSSAC. Et toi, tu prétends que ma fille ?..

DUMOULIN. Tiens, voici le livre que j'ai trouvé dans ses mains.

DE BLOSSAC. Le droit au travail ! Un pareil livre !..

DUMOULIN. Il va trop loin sans doute, mais ta fille y trouvait du bon.

DE BLOSSAC. C'est faux !

DUMOULIN. De Blossac !

DE BLOSSAC, s'animant. Que ton neveu, éclairé par l'évidence, abandonne un parti sans avenir, je le comprends... mais que ma fille partage vos utopies...

DUMOULIN, de même. Il n'y a de parti sans avenir que le parti du passé ; il n'y a d'utopistes que les insensés qui veulent faire reculer la France !

SCENE XIV.

LES MÊMES, MORISSET [*].

MORISSET, qui vient d'entrer. Qu'est-ce que j'entends là !..

DE BLOSSAC. Et c'est pour la faire avancer que vous la ramenez à la barbarie !..

MORISSET, à de Blossac. A l'amende !

DUMOULIN. Il s'agit bien d'amende ! (A de Blossac.) La barbarie, c'est la féodalité, c'est la Bastille, c'est Trestaillon.

MORISSET, à Dumoulin. A l'amende !

DE BLOSSAC. La barbarie c'est 93 ! c'est 1848 !

MORISSET, à tous les deux. A l'amende ! à l'amende !..

DUMOULIN. Ton parti, c'est l'obscurité !

DE BLOSSAC. Le tien, c'est l'incendie !

MORISSET. criant. Voulez-vous vous taire !..

DUMOULIN. Une monarchie qui n'a pas un homme !..

DE BLOSSAC. Une République qui n'a pas une idée !

MORISSET, de toute sa force. Vous tairez-vous !

DUMOULIN. Tombée sous le mépris.

DE BLOSSAC. Noyée dans le sang.

____

[*] D. M. Bl.

MORISSET, *exaspéré*. Oui, ç'en est trop !.. Je suis modéré, moi! mais je vous dirai à tous les deux que vous êtes de mauvais citoyens, des méchants ou des idiots.

DE BLOSSAC et DUMOULIN. Morisset !..

MORISSET, *criant de toutes ses forces et parlant très vite*. Vous ne me ferez pas peur. C'est parce que je suis modéré, c'est parce que je suis raisonnable que je perds patience... Et que me fait, à moi, un passé qui est passé, un avenir qui n'existera jamais! c'est le présent qui m'occupe, le présent qui n'est pas un rêve... le présent que je vois et que vous rendez impossible par vos chicanes, par votre orgueil, par vos sottises !

DE BLOSSAC et DUMOULIN. Morisset!..

MORISSET, *au paroxisme de l'exaspération*. Je suis modéré !.. si le monde est trop vieux... s'il déraisonne, n'en parlons plus, c'est fini, il n'y a plus d'espoir! mais si la France, elle seule, est un vaste cabanon d'insensés, mettons le feu à la France, égorgeons-nous, tuons-nous, je le veux bien, je suis modéré, moi!..

DUMOULIN. Modère-toi!

MORISSET. Je ne veux pas me modérer!

DE BLOSSAC. Ah! je ne resterai pas une minute de plus dans cette maison, et de ce pas...

(Il est près de sortir.)

UNE VOIX, *forte en dehors, à droite sous la fenêtre*. Charivari à M. le comte de Blossac !..

(Musique discordante et très bruyante sous
la fenêtre.)

DE BLOSSAC, *s'arrêtant*. A moi!

MORISSET. A lui! chez moi!

DE BLOSSAC. Oh! n'importe! je vais...

DUMOULIN. Non, monsieur le comte, pas en ce moment... C'est à moi de quitter la place... restez, je sors. (*Il est prêt de sortir.*)

UNE VOIX *plus forte, en dehors*. Charivari au citoyen Dumoulin!

(Musique encore plus bruyante sous la fenêtre.)

DUMOULIN. Que signifie?.. Je vais...

DE BLOSSAC. A votre tour, Dumoulin, ne sortez pas.

MORISSET. C'est affreux! c'est infâme!.. et c'est à moi, Morisset, Morisset le modéré... (*Ouvrant la fenêtre et criant.*) Voulez-vous vous taire, tas de canailles !

UNE VOIX *plus forte, en dehors*. Charivari au modéré Morisset!

(Musique encore plus bruyante. — Morisset
tombe sur un siége au fond. Pendant tout le
charivari, les trois amis restent silencieux.
Dumoulin s'est assis à gauche, de Blossac
près de la petite table, à droite. — Quand
la musique a cessé, il se fait encore un long
silence.)

DE BLOSSAC, assis.

Air : Vaudeville de la haine d'une femme.

Jetés tous trois dans la même balance,
Voilà le prix de notre désacord!
DUMOULIN, assis.
Et nous allions, nous, des amis d'enfance,
Pour ces ingrats, nous séparer encor !
MORISSET, se levant et venant entre eux qui se
lèvent et vont à lui.
Esclaves, brisez donc vos chaines!
(Indiquant la fenêtre.)
Tous ces gens-là ne veulent pas de vous ;
Ils ont des passions, des haines !..
Ah! quand je tiens vos deux mains dans les miennes,
Contre les sots, les méchants et les fous,
Unissons-nous. (*bis.*)
ENSEMBLE.
Contre les sots, les méchants et les fous,
Unissons-nous.

DEUXIÈME COUPLET.
MORISSET.
Ces étendards, que tant de fous arborent,
Soyons unis pour les braver!
DE BLOSSAC.
C'est la France qu'ils déshonorent...
C'est la France qu'il faut sauver!
Pour la patrie, en proie à la souffrance,
Le même amour doit nous rapprocher tous.
DUMOULIN, passant au milieu.
Formons une triple alliance,
Et pour le bonheur de la France,
Contre les sots, les méchants et les fous,
Unissons-nous. (*bis*)

SCÈNE XV.

LES MÊMES, MADAME MORISSET, CÉCILE, ARMAND, *qui entrent par le fond.*

MADAME MORISSET. Que se passe-t-il?... Ces bruits, ces clameurs...

DE BLOSSAC, *allant prendre la main de Cécile et la conduisant à Armand* [*]. Armand, voilà votre femme.

CÉCILE. Ah!

ARMAND. Se peut-il?

MADAME MORISSET. Sa femme !

(Dumoulin donne la main à de Blossac [**].)

MORISSET. Bravo! les voilà tous heureux! et dire qu'il n'y a plus que moi...

MADAME MORISSET. Oh! mon ami, je te jure que je ne suis plus républicaine.

MORISSET. Bien sûr?

MADAME MORISSET. Oh! mais, plus du tout!

MORISSET. Quel bonheur!

[*] D. Mad. M. M. Bl. Cé. Ar.
[**] Mad. M. M. D. Bl. C. Ar.

SCENE XVI.

LES MÊMES, UN PAYSAN.

LE PAYSAN. *(Il a des pincettes sous le bras.)* C'est-y ici que demeure madame Morisset?

MADAME MORISSET. Moi! que me voulez-vous?

LE PAYSAN. Ah! dame! je suis un peu en retard, c'est la faute de l'émeute; M. Raboulot n'a pas eu de cesse que je ne joue de la pincette dans leur charivari.

(Il fait sonner ses pincettes.)

MORISSET. Comment, gredin! tu viens nous dire que tu as joué de la pincette!..

LE PAYSAN, *finement.* C'est pour m'excuser, à cause que j'avais à remettre à Madame une lettre et un portrait.

MADAME MORISSET ET DUMOULIN, *à part.* Ciel!

MORISSET. Un portrait? une lettre? donne.

LE PAYSAN. Pas à vous, vous n'êtes pas madame Morisset, Monsieur.

MORISSET, *lui arrachant le tout.* Veux-tu bien me donner cela, tout de suite!

LE PAYSAN. Ah ben! comme ça, c'est pas ma faute!

(Il sort par le fond, en faisant sonner ses pincettes; de Blossac le fait taire.)

DUMOULIN, *à part.* Que faire, mon Dieu!

MORISSET, *regardant le portrait.* Que vois-je!..

MADAME MORISSET, *à part.* Je suis perdue!..

MORISSET, *à sa femme.* Ah! Madame!

DE BLOSSAC. Qu'est-ce donc?

MORISSET, *lui montrant.* Vois, mon ami, vois...

DE BLOSSAC. Ah! c'est frappant!

MORISSET. Ma femme est légitimiste!

MADAME MORISSET. Que dit-il?

MORISSET. Mais cette lettre... *(Il l'ouvre.)*

DUMOULIN *à part.* La mienne!..

MORISSET, *lisant.* « Votre mari est de retour; je « renonce à des sentiments que je n'ai plus l'es- « poir de vous faire partager. Je renonce égale- « ment à cette image trop longtemps adorée; « qu'elle soit désormais le plus bel ornement d'une « chambre où votre mari sera si heureux de la « contempler. » *(Furieux.)* Moi!.. je serai heu- reux de le contempler à la chambre!.. c'est moi qu'on soupçonne à présent!.. *(A sa femme.)* Ma-

* D. B. Le P. M. Mad. M. Céc. Ar.

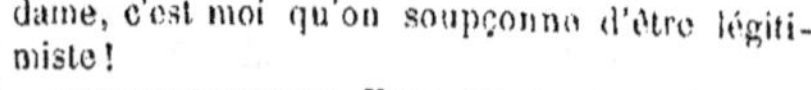

dame, c'est moi qu'on soupçonne d'être légiti- miste!

MADAME MORISSET. Vous me soupçonniez bien tout à l'heure!...

MORISSET. Mais enfin, qui vous a écrit cette lettre?...

MADAME MORISSET. Je ne sais...

MORISSET, *avec mépris.* Pas de signature! *(Il montre la lettre à de Blossac, qui la prend.)*

DE BLOSSAC, *le calmant.* Une lettre anonyme!..

DUMOULIN, *prenant la lettre des mains de Blos- sac.* Allons donc!.. une lettre anonyme! est-ce qu'il faut faire attention...

(Il empoche la lettre.)

MORISSET. Ah! décidément cette commune est un foyer de discorde! Mes amis, si vous m'en croyez, nous irons achever nos vacances à Pa- ris... Ah! je suis sur les dents, moi!... il est temps que nous reprenions le cours de nos tra- vaux législatifs.

DE BLOSSAC. Pour nous reposer.

DUMOULIN. Ce n'est pas une mauvaise idée.

MORISSET, *à sa femme.* Et vous me suivrez, Madame! vous ne me quitterez plus... Vous au- rez une tribune à l'Assemblée législative, ça vous guérira de la politique... Vous m'entendrez par- ler tous les jours... *(A de Blossac et à Dumoulin.)* Ce sera sa punition.

CHŒUR.

Air de *Couder.*

Les folles exigences
Les plaintes et les cris
Attristent nos/leurs vacances :
Retournez/Retournons à Paris.

Air : *Vaudeville de la haine d'une femme.*

MADAME MORISSET, *au public.*

Pour obtenir votre suffrage,
Écrivant chacun à son gré,
Trois auteurs ont fait cet ouvrage :
Un blanc, un rouge, un modéré.
Le blanc permet la République,
Le rouge n'est pas coloré,
Le modéré n'est pas trop tyrannique,
Car il vous dit, malgré sa politique :
Tous les bravos sont tolérés,
Fussent-ils même immodérés !

FIN.

EN VENTE CHEZ LE MÊME ÉDITEUR :

Titre	Prix
L'Aïeule.	75
Un Monstre de Femme.	4o
La Jeunesse de Charles Quint.	6o
Le Vicomte de Létorières.	6o
Les Fées de Paris.	5o
Pour mon Fils.	5o
Lucienne.	5o
Les Jolies Filles de Stilberg.	5o
L'Enfant de Chœur.	6o
Le Grand Paladin.	5o
La Tante mal Gardée.	5o
Les Circonstances atténuantes.	4o
La Chasse aux Vautours.	5o
Les Batignollaises.	4o
Une Femme sous les Scellés.	4o
Les Aides de Camp.	5o
Le Mari à l'essai.	4o
Chez un Garçon.	5o
Joket's-Club.	4o
Mérovée.	6o
Les deux Couronnes.	5o
Au Croissant d'Argent.	5o
Le Château de la Roche-Noire.	4o
Mon illustre Ami.	5o
Le premier Chapitre	4o
Talma en congé.	4o
L'Omelette Fantastique.	5o
La Dragonne.	5o
La Sœur de la Reine.	6o
La Vendetta.	5o
Le Poète.	5o
La Maîtresse anonyme.	5o
Les Informations Conjugales.	5o
Le Loup dans la Bergerie.	5o
L'Hôtel de Rambouillet.	6o
Les deux Impératrices.	5o
La Caisse d'Épargne.	6o
Thomas le Rageur.	5o
Derrière l'Alcôve.	5o
Ma Villa Duflot.	5o
Péroline.	5o
La Femme à la Mode.	5o
Les égarements d'une Canne et d'un Parapluie.	6o
Les deux Ânes.	5o
Foliquet, coiffeur de Dames.	5o
L'Anneau d'Argent.	4o
Recette contre l'Embonpoint.	4o
Don Pascale.	4o
Mademoiselle Déjazet au Sérail.	4o
Touboulic le Cruel.	4o
Hermance.	6o
Les Canuts.	5o
Entre Ciel et Terre.	4o
La Fille de Figaro.	6o
Métier et Quenouille.	5o
Angélique et Médor.	5o
Loïsa.	6o
Jocrisse en Famille.	4o
L'autre Part du Diable.	5o
La Chasse aux Belles Filles.	6o
La Salle d'Armes.	4o
Une Femme compromise.	6o
Patineau.	5o
Madame Roland.	6o
L'Esclave du Camoëns.	5o
Les Réparations.	5o
Mariage du Gamin de Paris.	5o
Veille du Mariage.	4o
Paris bloqué.	6o
Un Ménage Parisien.	»
La Bonbonnière.	
Adrien.	5o
Pierre le Millionnaire.	6o
Carlo et Carlin.	6o
Le Moyen le plus sûr.	5o
Le Papillon Jaune et Bleu.	5o
Polka en Province.	5o
Une Séparation.	4o
Le Roi Dagobert.	6o
Frère Galfâtre	6o
Nicaise à Paris.	4o
Le Troubadour-Omnibus.	6o
Un Mystère.	6o
Le Billet de fairepart.	6o
Pulcinella.	6o
Fiorina.	6o
La Sainte-Gèble.	6o
Follette.	5o
Deux Filles à Marier.	5o
Monseigneur.	6o
A la Belle Etoile.	4o
Un Ange tutélaire.	5o
Un Jour de Liberté.	5o
Wallace.	5o
L'Ecolier d'Oxford.	5o
L'Oiseau du Bocage.	5o
Paris à tous les Diables.	6o
Une Averse.	5o
Madame de Cérigny.	5o
Le Fiacre et le Parapluie.	5o
Morale en action.	5o
Liberté Libertas.	5o
L'Ile du Prince Toutou.	5o
Mimi Pinson.	5o
L'Article 170.	4o
Les deux Viveurs.	5o
Les deux Pierrots.	5o
Seigneur des Broussailles.	5o
Un Poisson d'Avril.	5o
Deux Tambours.	5o
Constant la Girouette.	5o
L'Amour dans tous les Quartiers.	4o
Madame Bugolin.	4o
Pe...	5o
Ca...	5o
Escadron Volant.	6o
Le Lansquenet.	5o
Une Voix.	5o
Agnès Bernau.	5o
Amour de M. Denis.	5o
Porthos.	5o
La Pêche aux Beaux-Pères.	6o
Révolte des Marmousets.	6o
Le Troisième Mari.	6o
Un Premier Souper.	5o
L'Homme à la Mode.	5o
Une Confidence.	5o
Le Ménétrier.	5o
L'Almanach des 25,000 Adresses.	
Une Histoire de Voleurs.	6o
Les Murs ont des Oreilles.	6o
L'Enseignement Mutuel.	5o
La Charbonnière.	5o
Le Code des Femmes.	4o
On demande des Professeurs.	4o
Le Pot aux Roses.	4o
La Grande et les Petites Bourses.	4o
L'Enfant de la Maison.	6o
Riche d'Amour.	5o
La Comtesse de Moranges.	4o
L'Amazone.	5o
La Gloire et le Pot-au-Feu.	5o
Les Pommes de terre malades.	5o
Le Marchand de Marrons.	6o
V'là ce qui vient d'paraître.	4o
La Loi Salique.	5o
Nuage au Ciel.	6o
L'Eau et le Feu.	4o
Beaugaillard.	6o
Mardi Gras.	5o
Le Retour du Conscrit.	6o
Le Mari perdu.	5o
Dieux de l'Olympe.	5o
Le Carillon de Saint-Maudé.	5o
Geneviève.	4o
Mademoiselle ma Femme.	6o
Mal du Pays.	»
Mort civilement.	5o
Veuve de quinze ans.	5o
Garde-Malade.	6o
Fruit défendu.	6o
Un Cœur de Grand'Mère.	5o
Nouvelle Clarisse.	5o
Place Ventadour.	5o
Nicolas Poulot.	4o
Roch et Luc.	6o
La Protégée sans le savoir.	6o
Une Fille Terrible.	4o
La Planète à Paris.	5o
L'Homme qui se cherche.	6o
Maître Jean, ou la Comédie à la Cour.	6o
Ne touchez pas à la Reine.	6o
Une année à Paris.	6o
Amour et Biberon.	5o
En Carnaval.	5o
Bal et Bastringue.	5o
Un Bouillon d'onze heures.	4o
Cour de Biberack.	5o
D'Aranda.	6o
Partie à Trois.	5o
Une Femme qui se jette par la fenêtre.	6o
Avocat Pédicure.	5o
Trois Paysans.	5o
Chasse aux Jobards.	5o
Mademoiselle Grabutot.	5o
Père d'occasion.	5o
Croquignole.	5o
Henriette et Charlot.	5o
Le chevalier de Saint-Remy.	6o
Malheureux comme un Nègre.	5o
Un Vœu de jeune Fille.	5o
Secours contre l'Incendie.	5o
Chapeau Gris.	5o
Sans Dot.	5o
La Syrène du Luxembourg.	5o
Homme Sanguin.	5o
La Fille obéissante.	5o
O'néa.	5o
La Croisée de Berthe.	5o
La Filleule à Nicot.	5o
Les Charpentiers.	5o
Mademoiselle Faribole.	5o
Un Cheveu Blond.	5o
La Recherche de l'Inconnu.	6o
Les Impressions de Ménage.	5o
L'Homme aux 160 Millions.	6o
Pierrot Posthume.	5o
La Déesse.	6o
Une Existence décolorée.	5o
Elle... ou la Mort!	5o
Didier l'honnête Homme.	6o
L'Enfant de quelqu'un.	6o
Les Chroniques bretonnes.	5o
Haydée ou le Secret.	1 »
L'Art de ne pas donner d'Etrennes.	5o
Le Puff.	1 »
La Tireuse de Cartes.	5o
La Nuit de Noël.	1 »
Christophe le Cordier.	5o
La Rose de Provins.	5o
Les Barricades de 1848.	4o
34 Francs! ou sinon!...	5o
La Fille du Matelot.	6o
Les deux Pommades.	4o
La Femme blasée.	5o
Les Filles de la Liberté.	5o
Hercule Belhomme.	6o
Don Quichotte.	5o
L'Académicien de Pontoise.	5o
Ah! Enfin!	5o
La Marquise d'Aubray.	6o
Le Gentilhomme campagnard.	6o
Les Peureux.	4o
Le Chevalier de Beauvoisin.	5o
Le Gentilhomme de 1847.	6o
La Rue Quincampoix.	6o
L'Ange de ma Tante.	5o
La République de Platon.	5o
Le Club Champenois.	5o
Le Club des Maris.	5o
Oscar XXVIII.	6o
Une Chaîne Anglaise.	6o
Un Petit de la Mobile.	6o
Histoire de rire.	5o
Les 20 sous de Périnette.	5o
Le Serpent de la Paroisse.	5o
Agénor le Dangereux.	6o
L'Avenir dans le Passé.	5o
Roger Boutemps.	5o
L'Été de la Saint-Martin.	5o
Jeanne la Folle.	1 »
Les suites d'un Feu d'Artifice.	5o
O Amitié!..... ou les trois Epoques.	6o
La Propriété, c'est le Vol.	6o
La Poule aux Œufs d'Or.	6o
Elevés ensemble.	5o
L'Hôtellerie de Genève.	6o
A bas la Famille ou les Banquets.	5o
Daniel.	1 »
Jacques Maugars ou les Contrebandiers du Jura.	5o
Le Voyage de Nannette.	5o
Titine à la Cour.	5o
Le baron de Castel-Sarrazin.	5o
Madame Marneffe.	6o
Un Gendre aux Epinards.	5o
Madame veuve Larifla.	5o
La Reine d'Yvetot.	5o
Les Manchettes d'un Vilain.	6o
Le Duel aux Mauviettes.	5o
Les Filles du Docteur.	6o
Un Turc pris dans une porte.	6o
Les Grenouilles.	5o
Ce qui manque aux Grisettes.	5o
La Poésie des Amours et...	5o
Les Viveurs de la Maison-d'Or.	6o
Un Troupier dans les Confitures.	6o
Ma Tabatière, ou comment on arrive.	5o
Gracioso, ou le Père embarrassant.	6o
E. H.	5o
Trompe-la-Balle.	5o
Un Vendredi.	5o
Le Gibier du Roi.	5o
Breda-Street, ou un Ange déchu.	5o
Adrienne Lecouvreur.	1 »
Sans le Vouloir.	5o
Les Femmes saucialistes.	5o
Le Mobilier de Bamboche.	4o
Les Beautés de la Cour.	6o
La Famille.	6o
L'hurluberlu.	5o
Un Cheveu.	5o
L'Ane à Baptiste ou le Berceau du Socialisme.	6o
Les Prodigalités de Beruerette.	5o
Les Bourgeois des Métiers.	6o
La Graine de Mousquetaires.	6o
Les Faubourgs de Paris.	6o
La Montagne qui accouche.	5o
Le Juif-Errant.	5o
Adrienne de Carotteville.	5o
Un Socialiste en Province.	5o
Le Marin de la Garde.	5o
Une Femme qui a une Jambe de bois.	5o
Mauricette.	6o
Une Semaine à Londres.	6o
Le Cauchemar de son propriétaire.	5o
Le Marquis de Carabas.	6o
En Ligue des Amants.	6o
Les Sept Billets.	6o
Phœbus et Borée.	6o
Passe-temps de Duchesse.	6o
Les Cascades de Saint-Cloud.	6o
Lorettes et Aristos.	6o
Œil et Nez.	6o
Les Compatriotes.	5o
Un Tigre du Bengale.	5o
La Femme à deux Maris.	6o
Le Congrès de la Paix.	5o